سُچے پرچارک بناؤنا

اک کتابچہ جیہڑا نِکی منڈلیاں وچ، گھراں دے چرچاں وچ، تے نکے تبلیغی دوریاں وچ، سُچے پرچارک بناؤن دے قابل بناؤندا اے، جیہدا مقصد چرچاں دی نینہ رکھن دی تحریک نوں آگے ودھاؤنا اے

Making Radical Disciples

A training manual to facilitate training disciples in house churches, small groups, and discipleship groups, leading towards a church-planting movement.

By Daniel B. Lancaster, Ph.D.

Published by:

T4T Press

First Printing, 2011

All rights reserved. No part of this book may be reproduced or transmitted in any form or by any means, electronic or mechanical, including photocopying, recording or by any information storage and retrieval system, without written permission from the author, except for the inclusion of brief quotations in a review.

Copyright 2011 by Daniel B. Lancaster

ISBN 978-0-9831387-7-8 printed

All scripture quotations, unless otherwise indicated, are taken from the HOLY BIBLE, NEW INTERNATIONAL VERSION®, NIV® copyright © 1973, 1978, 1984 by International Bible Society. Used by permission of Zondervan. All rights reserved.

Scripture quotations marked (NLT) are from the Holy Bible, New Living Translation, Copyright © 1996, 2004, used by permission of Tyndale House Publishers, Inc., Wheaton, Illinois, 60189. All rights reserved.

Scripture quotations marked (NASB) are from the NEW AMERICAN STANDARD BIBLE ®, Copyright © 1960, 1962, 1963, 1968, 1971, 1972, 1973, 1975, 1977, 1995 by The Lockman Foundation. All rights reserved.

Scripture quotations marked (HCSB) are from the Holman Christian Standard Bible ® Copyright © 2003, 2002, 2000, 1999 by Holman Bible Publishers. All rights reserved.

Scriptures quotations marked (CEV) are from the Contemporary English Version Copyright © 1995 by American Bible Society. Used by permission.

Library of Congress Cataloging-in-Publication Data

Lancaster, Daniel B.

Making Radical Disciples: A training manual to facilitate training disciples in house churches, small groups, and discipleship groups, leading towards a church-planting movement. / Daniel B. Lancaster.

Includes bibliographical references.

ISBN 978-0-9831387-7-8

1. Follow Jesus Training: Basic Discipleship–United States.

I. Title.

سفارشاں

ایسیاں کتاباں دی ہمیشہ لوڑ رہی اے جیہڑی پوکھو (مشن) نوں پھیلاؤن تے چرچاں دی تحریک نوں ودھاؤن نوں تجربے تے دل دی نظرنال ویکھدیاں نیں- یسوع دی سکھلائی تے چلو اسی سلسلے دی کڑی اے - اے اج دیاں قوماں تیکر اپڑن لئی یسوع دے کارج نوں سوکھا کرکے بیان کردی اے -

ایہہ کتاب کم کر کے ویکھاں والے ولوں لکھی گئی اے نہ کہ گلان باتاں کرن والے ولوں - تہانوں یسوع دی سکھلائی ول چلو نوں پڑھن دا بہت فائدہ ہونا اے کیوں جے اے ڈین لین کسٹردے قلم توں لکھی گئی اک وکھری تحریر اے -

رای جے. فش
پروفیسر امرتس
جنوب مغربی بیپٹسٹ تھیولوجیکل مدرسہ

عملی طور پر کچھ متلاشیوں اور کسی بھی ثقافت گروپ میں نئے مومنوں کے چیلے بنانے کے لئے کے لئے تلاش کر رہے ہیں؟ یہ ہے!

ایک تین روزہ، تربیت دستی ہے کہ اس پر عمل ہے کہ نئے کے چیلے اس کا استعمال دوسروں کے نتیجے میں، عیسی علیہ السلام کے احکامات کو فوری طور پر، محبت کرنے کی اطاعت کے لئے تربیت کر سکتے ہیں، اتنا آسان ہے. ڈین تجربہ، بہترین طریقوں اور کتاب کے

ٹن لیا ہے اور ان کا ایک آلہ ہے کہ میں میرے ساتھ لے کر جائے گا میں ڈال."

گلین کرہ
پال تیمتیس تربیت چلنےوالا کنسلٹنٹ
www.Paul Timothy.net

"ان مواد کی واضح اور بار بار نقطہ نظر نئے عبور مومن ایمان کی بنیادی باتیں، اور دوسروں کو جو وہ سیکھ رہے ہیں کے ساتھ اشتراک کے لئے ایک موثر فریم ورک فراہم کرتے ہیں."

کلائڈ ڈی میدور
ایگزیکٹو وائس صدر
بین الاقوامی مشن بورڈ، SBC

"میں 100 رہنماؤں کی یہاں امریکہ میں کی اس مواد کو سکھایا ہے اور میں نے ہمیشہ ایک ہی دو جوابات حاصل ہے، اور 'یہ بہت آسان ہے' 'کاش میں نے یہ سکھایا سال پہلے. اس دستی میں سچ وائرل، عملی، ثابت، اور اس کے چیلوں بنانے کے چیلے جو بنانے میں موثر ہے میں نے اسے دل و جان سے مشورہ دیتے ہیں."

رای مککلنگ
مشنری/ کنسلٹنٹ
www.MaximizeMyMinistry.com

"یہ نے CPM دنیا کے لئے ایک ہے. یہ توسیع پذیر کی ایک نتیجہ خیز زندگی کے لئے بنیادی فریم ورک فراہم کرنے کے عمل کا ایک سادہ درخواست ہے۔ یہ قابل قدر، عملی تربیت کی تجاویز کے ساتھ بھری ہوئی ہے۔"

کرٹس سارجنٹ
گلوبل اسٹریٹیجیز کے لئے نائب صدر
E3 شراکت دار وزارت
www.e3partners.org

"یسوع تربیت ایک کتاب کے بعد - ریڈیکل کے چیلوں بنانا ہے کہ دنیا بھر میں نئے مومنوں کی صفات میں ان کی بنیاد کو قائم کرنے کے لئے استعمال کر سکتے ہیں عملی کے آلے کی طرح کا ہے یہ مومنوں کو سکھاتا ہے ان سب کا دل، روح، دماغ اور طاقت کے ساتھ خدا سے محبت کرتے ہیں یہ۔ ہے۔ اوزار کہ نئے مومنوں کے طور پر ساتھ ساتھ زیادہ مقدار غالب مومنوں کا استعمال جیسا کہ انہوں نے مسیح کی محبت کی ترسیل کر سکتے ہیں بھی فراہم کرتا ہے.

ایک دن سے سیکھنے کو کھو دیا ہے اور مرنے دنیا کے لئے ایک تشویش کی ترقی ہے۔ تربیت کار ٹرین دوسروں کو شریک کیا انہوں نے سیکھا کیونکہ وہ اندھیرے کے علاقوں میں صفات کی روشنی کے ساتھ آگے بڑھانے کے لئے۔ یہ عملی، صارف دوستانہ، بائبل اور جرات مندانہ ہے۔"

جیرالڈ ڈبلیو برچ
مشنری امرتس
بین الاقوامی مشن بورڈ، SBC

”ڈان مسیح کے پیروکار بنیاد پرست پیدا کرنے کے لیے ایک آسان، بائبل، اور طریقہ فراہم کی ہے اور کیا آپ کے لئے تلاش کر رہے ہیں.؟ ڈین یسوع کی آٹھ سادہ تصاویر کا استعمال کیا جاتا ہے کے مومنوں رب میں بڑھنے میں مدد کرنے کے لئے ان اصولوں نے میں تجربہ کیا گیا ہے. مشن کا تجربہ آپ کے لئے کام کرتے ہیں اور کریں گے.“

کین ھمفلل
برطانیہ کی ترقی کو بااختیار بنانے کے لئے قومی اسٹریٹجسٹ
مصنف، اسپیکر، نمو، کنسلٹنٹ اور
اور چرچ کی نمو کے پروفیسر

”میں اس مواد کو فلپائن میں استعمال کیا ہے اور اس سے محبت کرتا ہوں کیونکہ یہ کام کرتا ہے میں میرے پرشکشوں پوچھا گیا کہ کیوں انہوں نے مواد کو پسند ہے اور وہ جواب میں،“ کیونکہ والے ہم پڑھاتے ہیں دوسروں کی تربیت بھی کر سکتے ہیں ”یہ ان کے آسان اسباق میں عظیم قیمت ہے! ... وہ ہیں.

ہم گیٹ پر وکلاء، ڈاکٹروں، آرمی کرنل، تاجروں، ودواوں، اور گارڈز کو دیکھا ہے، پڑھے لکھے اور ناخواندہ تمام استعمال اس مواد دوسرے لوگ جو تربیت بھی دوسروں کو تربیت دینے کے لئے.“

دررل سالے
فلپائن میں مشنری

گرجا گھروں ”“ 30 سال سے زیادہ عرصے کے لیے تھائی لینڈ کے دیہی اور شہری دونوں علاقوں میں کیریئر چرچ باگان کے طور پر بھی اکثر میں نے دیکھا“ - جو ان کے روحانی والی اشیاء کی زیادہ سے زیادہ کے لئے باہر کے رہنماؤں پر انحصار کا سلسلہ جاری رکھا، یہ

شرط بڑی وجہ ان لوگوں کی وجہ سے کیا گیا تھا. ان گرجا گھروں میں استعمال کیا مغربی مبنی تدریسی طریقوں جو قومی مومنوں کی طرف سے نہیں تھے جو نصب کبھی خود کو پیش گرجا گھروں کے کچھ - وہ پیدائش سے معذور رہے تھے.!

یہ تربیت دستی ہمیں دو چابیاں دیتا ہے گارنٹی دیتا ہوں کہ کلام پر مومن سے مومن کے لئے منظور کی جائے گی: پروڈیوسبیلٹی اور تکرار کی سادگی."

جیک کننیسوں
مشنری ایمریٹس
بین الاقوامی مشن بورڈ، SBC

"یسوع نے کہا کہ اگر کسی نے اس کا شاگرد ہونا چاہتے تھے، وہ ضروری ہے" خود اور اس کے پار لے انکار اور اس کی پیروی "ایک ٹیچر، پادری، والد، اور مشنری کے طور پر، ڈین کے واں اور مطالبات کو سمجھتا ہے. یہ تربیت قیمتی، حکمت عملی اور دور دراز گاؤں کے طور پر ساتھ ساتھ کہ یونیورسٹی کے کلاس روم کے لئے موزوں ہے.

کرنے کے لئے اذان عالمگیر ہے اور ڈاکٹر ایک استعمال کے قابل ہے اور ہر ثقافت اور ماحول میں آلہ پیدا کیا ہے. سادہ اور ٹھوس تدریسی طریقوں کو استعمال کرتے ہوئے، FJT مزہ اور یادگار دونوں کی تربیت کرتا ہے. حضرت عیسی علیہ السلام کی تربیت کے چیلوں کے لئے پورے پیکج پر عمل کریں: بائبل، " ، عملی، اور ضرب.

اب بٹلر
کنٹری ڈائریکٹر
کوآپریٹو سروسز انٹرنیشنل
نوم پینہ، کمبوڈیا کی بادشاہت

ڈاکٹر عطیہ احتیاط سے نہ صرف بلکہ ثقافت کا مطالعہ کیا ہے. انہوں نے ہمیں "پروگرام اورینٹڈ" بننے کی مدد لوگ رب ہے کہ عیسی علیہ السلام کے طریقے مندرجہ ذیل میں مضبوط بڑھنے کے لیے ایک سادہ اور کرنے کے قابل عمل کے بغیر دیا ہے. ہاؤس کے گرجا گھروں کے لیے یہ عمل مسیح مرتکز اور چیلا پر مبنی ہے. میں نے بہت زیادہ اس عمل کی تعریف اور نماز ادا ہاؤس چرچ ثقافت سے بالاتر ہو اور شمالی امریکہ میں روایتی چرچ میں بھی استعمال کیا جائے گا."

ٹیڈ ایلمورے
نماز کے اسٹریٹجسٹ اور فیلڈ وزارت اسٹریٹجسٹ
ٹیکساس کنونشن کے جنوبی بپتیسٹس

مواد

سفارشاں 3
پیش لفظ 11
منظوریاں 13
جان سہیانڑ 15

حصہ ۱: کرن والے پکے کم

یسوع دا کارج 23
سِکھلائی دیون والیاں دی سِکھلائی 31
سادہ عبادت 39

حصہ ۲: سکھلاؤنا

جی آیاں نوں 47
ودھاؤ 55
موہ کرو 71
دعامنگو 83
حکم منو 99
راہ چلو 115
جاؤ 131
ونڈو 143
بیجو 159
صلیب چک لو 171

حصہ ۳: حوالے

اگے پڑھائی 181
اخری نوٹس 183
اضافہ A 185
اضافہ B 187
اضافہ C 197
ہوراپاؤ 203

پیش لفظ

"....ہوراناں نوں اوساری چیزاں جنہاں دا میں
تہانوں حکم دتا اے ویکھن لئی سکھلاؤ"

عظیم کمیشن کو یہ بند الفاظ آج کو اور ہمارے لئے چیلنج کے طور پر رہنے کے طور پر وہ تھے جب مسیح نے سب سے پہلے ان کے جاری 2،000 سال پہلے. کیا یہ تمام چیزیں کہ مسیح حکم پر عمل نہ کرنے کا کیا مطلب ہے؟ رسول جان ہمیں بتاتا ہے کہ اگر ہم نیچے عیسی علیہ السلام نے کہا کہ لکھنے تھے اور کیا، یہ دنیا کے تمام کتابیں (21:25 جان) کو بھرنے گا. یقینی طور پر، حضرت عیسی علیہ السلام کے دماغ کچھ زیادہ میں تھا. حضرت عیسی علیہ السلام کے بعد ٹریننگ کے ایک ریڈیکل کے چیلوں کی قضاء حصے میں، ڈین عیسی علیہ السلام کے آٹھ تصاویر جس ایک چیلا مسیح کی طرح میں جب نقالی کرنا، مسیح کے ایک پیروکار کو تبدیل کر سکتا ہے کے باہر تیار کی ہے.

ریڈیکل کے چیلوں کو بنانے میں، ڈین صرف کے بارے میں ایک اور کتاب کی پیداوار کے مقابلے میں اعلی مقصد ہے. ڈین نے ان سائٹس کو ایک ضرب تحریک پیدا کرنے پر مقرر کر دیتے ہیں. اس مقصد کے لئے چار سال، انہوں نے خرچ تیار، جانچنے، جانچ پڑتال، اور ان پروگرام پر نظر ثانی جب تک وہ اسے دیکھ کر نہ صرف مسیح کی طرح کے چیلوں میں نئے مومنوں کو تبدیل کیا گیا تھا، لیکن کو موثر چیلا سازوں خود میں بھی ان تربیت یافتہ چیلوں کے رخ.

اس نظام کی ترقی کے بعد، ڈاکٹر نے ایک صارف دوست، فارمیٹ ہے کہ دنیا میں کسی بھی ثقافتی ترتیب کو مرضی کے مطابق کیا جا سکتا ہے میں یہ سبق کر کی طرف سے مسیح سروس کے

پورے جسم پر کیا گیا ہے. ریڈیکل کے چیلوں کو یسوع مسیح کی طرح ہونے اور دنیا بھر میں نئے کے چیلوں کے ذریعے مسیح سلطنت ضرب کے ختم ہونے والے کبھی نہیں پیچھا کرنے کے لئے متحرک شراکت بنانا ہے.

ایک سال کی عمر میں اس دنیا کے طریقوں میں کے چیلوں بنانا آسان نہیں ہے، لیکن نہ تو یہ ناممکن ہے، اور نہ ہی یہ اختیاری ہے. ڈان کے بنانا ریڈیکل کے چیلوں میں آپ ڈوبکی کے طور پر، آپ کو ایک ساتھی چیلا اور چیلا بنانے والا ہے جو آپ کو آگے راستہ کے لیے ایک آزمودہ اور ثابت روڈ میپ دکھا سکتے ہیں ملاقات کریں گے.

ڈیوڈ گیریسن
چیانگ مائی، تھائی لینڈ
مصنف - تحریکیں چرچ پودے لگانے: کس طرح خدا
کیا ختم ورلڈ ہے

منظوریاں

امریکہ دے وچ انہاں تین چرچاں دے ممبراں دے اسیں شکر گزار ہیگے آں جتھے پندھراں ورھیاں پہلاں یسوع دی سکھلائی ول چلو شروع ہوئی سی: نیا عہد بیپٹسٹ چرچ، مندر، ٹیکساس (ایک قائم چرچ کو مرکوز کی) کمیونٹی بائبل چرچ، ہیملٹن، ٹیکساس (ایک دیہی چرچ پلانٹ)؛ اور ہائلینڈ فیلوشپ، ، ٹیکساس (ایک مضافاتی چرچ پلانٹ). ان سالوں میں، ہم نے دیکھا FJT چار سے سات تک بڑھ، اور آخر میں آٹھ، مسیح کی تصاویر. ہم زیادہ سے زیادہ ایک دوسرے کے ساتھ مشترک، اور آپ کی محبت اور نماز اپجاؤپن میں متحدہ کے نتیجے!

کئی جنوب مشرقی ایشیائی ممالک میں قومی پارٹنر اور یسوع ٹریننگ بین الاقوامی سطح پر عمل کریں پر عملدرآمد کو بہتر بنانے میں مدد ملی. ان ممالک میں سلامتی اور حفاظت کے خدشات کی وجہ سے، مجھے ان کے نام ظاہر نہیں کر سکتے ہیں. خاص طور میں، تین شہریوں کے ایک گروپ نے تربیت کے میدان ٹیسٹ اور ٹرین دوسروں کے چیلوں میں سے کامیاب نسلوں کی تربیت جاری رکھنے میں مدد دی ہے.

بہت سے تربیت کے شرکاء جو پورے جنوب مشرقی ایشیا میں چار سال کی ترقی کے عمل میں نماز حمایت، آراء، اور حوصلہ افزائی دی کے لئے آپ کا شکریہ. تم نے توجہ اور اہم طریقوں میں تربیت کو بہتر بنانے میں مدد دی ہے.

ہم میں سے ہر ایک کے رہنماؤں اور زندگی کے تجربات کی سرمایہ کاری کی پیداوار ہے. میں میری پر اثر وہ چکے ہیں کے لئے ڈاکٹر رای J. مچھلی، میں ریورینڈ رونی ، ریورینڈ کریگ گیریژن، ڈاکٹر ڈیوڈ گیریژن، ڈاکٹر ، ریورینڈ ، اور ڈاکٹر ولف کا

شکریہ ادا کرنا چاہوں گا عیسی علیہ السلام کے ایک شاگرد کے طور پر زندگی۔

کرنے کے لئے خصوصی شکریہ ادا کیا۔ جارج پیٹرسن اور اس تربیت میں فعال سیکھنے کے کئی کے لئے۔ آخر میں، میں ان کی حمایت اور حوصلہ افزائی کے لئے میرے خاندان کا شکریہ۔ میرے بچے، جیف، ،،، اور میں شامل، ایمان کی اسیم ذریعہ، امید، محبت اور ہو رہے ہیں۔

میں، میری بیوی پانڈلپی بہت سے اوقات اور پیشکش کی تجاویز پڑھ ایک قابل ذکر کام کیا۔ وہ وہ قیادت ہے اور تصورات کے بہت سے لوگوں کے لئے ایک وفادار لگ بورڈ رہی ہے، گزشتہ پندرہ سال کے دوران باہر درج کیا گیا تھا تربیتی سیمینار سے کئی اچھے خیالات ہیں۔

تم سب کو خدا بھلا کرے، کے طور پر ہم جذباتی، روحانی رہنماؤں کو تیار کرنے کے لئے اور قوموں کے لئے شفا یابی لانے جاری رکھ سکتے ہیں!

ڈینیل۔ لنکاسٹر ، پی ایچ ڈی
جنوب مشرقی ایشیا

جان سہیانڑ

سُچے پرچارک بناؤنا ول جی آیاں نوں، یسوع دی سکھلائی ول چلو دا پہلا حصہ(FJT) ! جے اگر تسیں اہدے پتردی راہ ول تر رہے ہو تے خداوند تواہڈاحامی و ناصر ہووے - خدا آپ کی وزارت کے ایک سو گنا اپجاؤپن میں اضافہ کے طور پر آپ کو آپ کی لوگوں (UPG) گروپ کے ذریعے یسوع مسیح کے ساتھ آہستہ آہستہ چل سکتے ہیں.

دستی سے آپ کو آپ کے ہاتھوں میں منعقد ایک مکمل تربیت یسوع کی دنیا تک پہنچنے کے لئے حکمت عملی پر مبنی نظام ہے. یہ تحقیق اور دونوں شمالی امریکہ اور جنوب مشرقی ایشیا میں ٹیسٹنگ کے سال کا نتیجہ ہے. اس نظام کے نظریے کی مشق ہے لیکن نہیں، یہ دنیا میں ایک حقیقی فرق کے طور پر آپ کو خدا کے ساتھ اپنے مشن پر ہیں بنانے کے لیے استعمال کریں. ہم نے اور آپ کر سکتے ہیں بھی ہیں.

ایک دیہی چرچ اور میں ایک مضافاتی چرچ شروع کرنے کے بعد، ہمارے خاندان نے کوچ اور ٹرین کے رہنماؤں کو ایک جنوب مشرقی ایشیا کو کال احساس. میں دس سال سے زیادہ عرصے کے لئے امریکہ میں ایک چرچ باگان رہا تھا اور دوسرے چرچ باگان تربیت کے ساتھ ساتھ. مشکل یہ کس طرح بیرون ملک منتقل کرنے کے لئے اور ایک ہی بات وہاں کیا ہو سکتا ہے؟ ہمارا خاندان ایمان اور اعلی امیدوں کے ساتھ فیلڈ مشن کے لئے چھوڑ دیا.

زبان سیکھنے کے دوران، میں ایک ساتھی کے ساتھ دوسروں کو تربیت دینے شروع کر دیا. ہم بنیادی اور چرچ کے پودے لگانے پر ایک ایک ہفتے کے تربیتی کورس کی پیشکش کی طرف سے شروع کر دیا. عام طور پر تیس سے چالیس کے طالب علموں کو

تربیت دینے کے لئے آئے گا. وہ اکثر کس طرح اچھا سبق تھے اور بہت کچھ کہ وہ کس طرح ہمارے تدریس ایڈ کا تبصرہ. بہر حال، ایک بات نے مجھے پریشان کرنے کے لئے شروع کیا: یہ بات واضح تھی کہ وہ دوسروں کو کیا انہوں نے سیکھا تھا نہیں سکھا رہے تھے.

اب آپ امریکہ میں کیونکہ وہاں ہماری ثقافت کے مرکز پر (یا گیا ہے) ایک بائبل تفہیم، کھو لوگوں کے درمیان بھی ہے "ان کے دوسروں کو سکھا نہیں کے ساتھ دور حاصل" کر سکتے ہیں. تاہم جنوب مشرقی ایشیا میں، نہیں کے بائبل تفہیم کھوئے ہوئے کے درمیان موجود ہے. امریکہ میں، آپ یہ حقیقت ہے کہ اس شخص کو ایک اور عیسائی جو ان کو متاثر کرے گا شاید سامنا کرے گا پر اعتماد کر سکتے ہیں، مہم کے میدان میں، ایسی کوئی ضمانت موجود ہے.

ٹھیک ہے، تو یہاں ہم ایک ویاکلتا میں تھے. ہم شہریوں کو جو ہم نے محسوس کیا تھا سکھا "اچھی چیزیں،" کر رہے تھے لیکن وہ اسے ری پروڈکشن نہیں کر رہے تھے. حقیقت میں، ایسا لگ رہا تھا جیسا کہ ہم کو اپنی طرف متوجہ رہے تھے حقیقت ہے کہ ہم ایک ایسے ملک میں ہفتے ٹریننگ کے ساتھ غربت کے نتائج بھی ، چھا پر کھانا فراہم " سیمینار جانے والے ہیں." ہے. کیا ہوا اگلے حیران اور مجھے دین ہے.

ہمارے تربیت کے واقعات کی ایک کے بعد، مجھے ایک میں میرے مترجم کے ساتھ بیٹھ گیا اور اسے ایک سادہ سا سوال پوچھا:

> "جان. اس ہفتے کی تربیت کا کتنا ہم نے کیا، آپ کے خیال میں لوگ اصل میں کیا کریں گے اور دوسروں کو ایسا کرنے کی تربیت ہے؟"

جان تھوڑی دیر کے لئے اس کے بارے میں سوچا اور مجھے بتاو کہ اس نے مجھے جواب دینے کے لئے نہیں چاہتے تھے کر سکتے تھے. ان کی ثقافت میں ایک طالب علم تنقید کبھی ایک استاد نہیں ہونا چاہئے اور انہوں نے محسوس کیا جیسے کہ تھا جو میں

نے اس سے کیا پوچھ رہا تھا. مزید بات چیت اور مجھ سے یقین دہانیوں کے بعد، انہوں نے ایک جواب ہے کہ سب کچھ بدل دیا:

"ڈاکٹر ڈین، مجھے لگتا ہے کہ انہوں نے تقریبا دس فیصد جو تم گزشتہ ہفتے انہیں سکھایا کرے گا."

میں دنگ رہ اور اسے نہ ظاہر کرنے کی کوشش کی گئی. اس کی بجائے، میں جان نے ایک اور سوال ہے کہ ہم اگلے دو اور ایک نصف سال کے لئے عمل کی پیروی کرے گا شروع سے پوچھا:

"جان، کیا آپ مجھے دس فیصد آپ کو لگتا ہے کہ وہ کیا کریں گے یا کیا کر رہے ہو دکھا سکتے ہیں؟ میری منصوبہ رکھنا ہے کہ دس فیصد، باقی پھینک، اور جب تک وہ سب کچھ ہم نے انہیں ایسا کرنے کی تربیت کرنے کی تربیت کو دوبارہ سے لکھنا ہے."

جان نے مجھے دس فیصد انہیں یقین ہے وہ اصل میں کیا کریں گے دکھایا. ہم باقی ضائع کر دیا اور اگلے اجلاس کے لئے تربیت. ایک ماہ کے بعد ہم ایک اور ہفتے کی تربیت کی پیشکش کی اور مجھے جان سے بھی یہی سوال بعد میں نے پوچھا: وہ کیا فیصد کیا کریں گے؟

جان نے کہا کہ، "ڈاکٹر ڈین، مجھے یقین ہے وہ جو تم نے اس وقت کو سکھایا پندرہ فیصد کریں گے ہوں."

میں اواک تھی. جان کو پتہ نہیں تھا کہ میں گزشتہ ماہ سے تربیت تھا، میں امریکہ میں ایک پادری کے طور پر سب کچھ سیکھا تھا کے "بہترین سب سے بہترین" اور جبکہ کوچنگ دوسرے چرچ باگان ڈال. کہ سیمینار میں سب سے بہتر مجھے دینا پڑا تھا ... اور سیکھنے کو صرف اس کا پندرہ فیصد کرنے کے لئے جا رہے تھے!

اس طرح کے عمل ہے کہ ہم نے دو اور ایک ڈیڑھ سال کے لئے استعمال کیا جاتا ہے، کو بہتر بنانے اور ترقی پذیر بعد حضرت عیسی علیہ السلام ٹریننگ نظام شروع کر دیا. ہر ماہ، ہم نے ایک

ہفتے میں ایک سیمینار سکھایا تھا اور ایک رائے کا سیشن کے بعد سیمینار مکمل تھا. ایک رہنمائی کی ہماری کوششوں سوال: کیا ہم نے انہیں سکھایا کیا فیصد وہ تربیت کی وجہ سے کیا کر (یا کیا کر رہے ہو) جائے گا؟

تیسرے مہینے کی طرف سے، ہمارے فیصد بیس فیصد اضافہ ہوا، اگلے مہینے، یہ پچیس گئے تھے. کچھ ماہ ہم سب پر کوئی پیش رفت نہیں ہے. دوسرے مہینوں، ہم آگے ہے. تاہم ترقی کے مرحلے کے دوران، ایک واضح اصول پر ابھر کر سامنے آئے. جتنا زیادہ ہم تربیت یافتہ 'حضرت عیسی علیہ السلام کی مثال کی پیروی کرنے کے لئے دوسروں سے زیادہ امکان ہے وہ دوسروں سے بھی ایسا ہی کرنے کے لئے تربیت تھے.

میں اب بھی دن جان اور دیگر میرے ساتھ اشتراک کیا ہے کہ لوگوں کو ہم نے تربیت حاصل کی تھی جو ہم نے انہیں سکھایا کرنا تھا کے نوے فی صد کر رہے تھے شہریوں یاد. ہم طویل عرصے کے بعد ہماری مغربی طریقوں، ہمارے ایشیائی طریقوں، ہمارے پی ایچ ڈی کی تربیت، ہمارے تجربات کو چھوڑ دیا تھا، لیکن مثال کے طور پر حضرت عیسی علیہ السلام نے ہمارا پیچھا کرنے کے لئے چھوڑ دیا کچھ بھی نہیں میں پر اعتماد کرنا سیکھ لیا ہے.

یہ کہ بعد حضرت عیسی علیہ السلام ٹریننگ (FJT) نے کس طرح ہو آئے کی کہانی ہے. ریڈیکل چیلوں کے ہاتھوں پر ایک تربیت کا نظام ہے جو کہ مومنوں ، اوراس کا کتاب، ،، اور چرچ کے تاریخ میں دیکھا ممالک تک پہنچنے کے لئے یسوع کی حکمت عملی کے پانچ قدم پر عمل ہے. تربیت کے سفر کا مقصد تبدیلی اور نہیں کی معلومات ہے. اس وجہ سے اہم روحانی سچائیوں کا سبق سادہ "بیج" ہیں، کیا ہے، وہ انتہائی ہیں. وہ روحانی اصول کی پیروی، "تھوڑا پوری گانٹھ" اور مومنوں کو بااختیار بنانے کی ری پروڈکشن، بن مسیح کی جذباتی پیروکاروں کے لئے.

اس مینوئل کے مواد کے طور پر ہے کچھ (دیگر تہذیبی ترتیب جہاں آپ کام کرنے کے لئے تربیت ڑلنے سے زیادہ) کی تبدیلی کے بغیر سکھاو، کم از کم پانچ بار ذرا تصور کریں، تربیت ٹیم

تمہارے ساتھ چلنا، اور آپ کی رہنمائی سے پہلے پانچ مرتبہ آپ کو یہ سہولت فراہم تربیت. ریڈیکل کے چیلوں کئی حرکیات پر جو ظاہر نہیں ہیں جب تک کہ آپ تربیت یافتہ دوسروں کو مرحلہ وار کئی بار ہیں ہے. آج کی تاریخ میں، ہم نے اس مواد کے ساتھ جنوب مشرقی ایشیا اور امریکہ دونوں میں ہزاروں افراد (مومنوں اور کافروں) کی تربیت یافتہ ہے،. غلطیوں دوسروں کو پہلے ہی بنا دیا ہے سے بچنے کے لئے اس تجویز پر عمل کریں! ایک سمجھدار آدمی اپنی غلطیوں سے سیکھتا ہے، ایک عقل مند آدمی دوسروں کی غلطیوں سے سیکھتا ہے: یاد رکھیں.

جیسا کہ آپ شروع کریں، ہم آپ کے ساتھ اشتراک ہے کہ عمل کریں یسوع ٹریننگ ہمیں بدل کے طور پر زیادہ ہے کیونکہ یہ کسی کو بھی ہم نے تربیت حاصل کی ہے تبدیل کر دیا گیا ہے. خدا ایک ہی ہے اور آپ کی زندگی میں بہت زیادہ کیا کر سکتے ہو!

حصہ ۱

کرن والے پکے کم

یسوع دا کارج

دوجیاں قوماں تیکر اپڑن لئی یسوع دے کارج دے پنج درجے نیں: خداوند تے پکا یقین، انجیل نال سانجھ، نویں مرید بناؤنا، گرجیاں چ جاؤں لئی ٹولیاں دی نینہ رکھنا تے آگو تیار کرنا۔ ہر اک درجہ اپنی تھاؤں تے وکھ اے، پر ہور درجیاں نوں وہ تگڑا بناؤندا اے۔ TJF وچ دتا گیا مواد سکھاون والیاں (ٹرینرز) نوں ایس قابل بناؤندا اے کہ اوہ یسوع دی راہ تے سے ٹردے ہوئے لوکائی وچ چرچ نوں پنگرن سے ودھن پھلن دی تحریک ودھاوئن۔

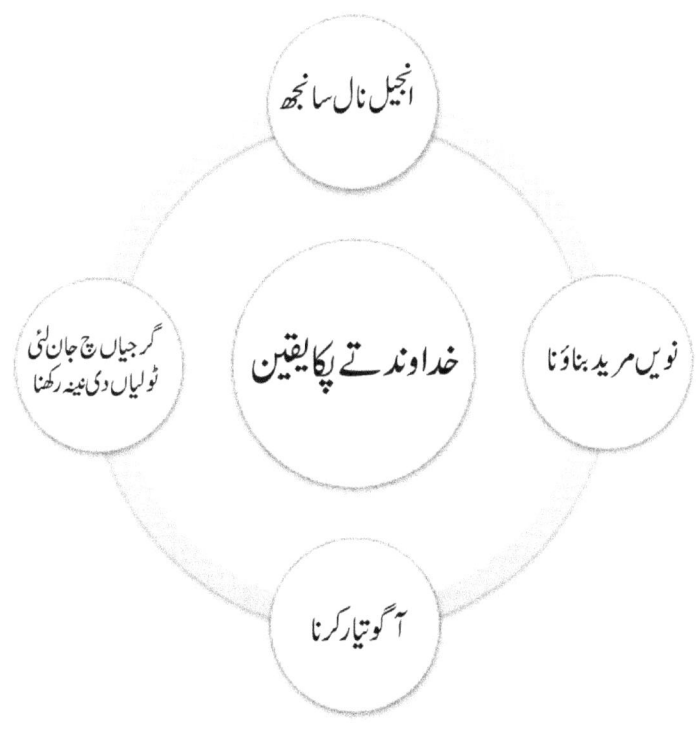

سُچے پرچارک پہلے تِن درجیاں نال نجٹھدے نیں: خداوند تے پکا یقین، انجیل نال سانجھ اتے نویں مرید بناؤنا۔ سِکھلائی لین والیاں نوں گنتی وچ وادھے لئی پوکھو (نصب العین) دِتے گئے نیں اتے سکھایا گیا اے بئی: اِک نِکی منڈلی (گروپ) دی اگوائی کرنا، عبادت، یسوع دے حکماں دا پالن اتے پاک روح دی طاقت نوں نال لے کے ٹرنا (خداوند تے پکا یقین)۔ تد سِکھلائی لین والیاں نوں گیان ہوندا اے بئی اوہ جتھے وی کم کر رہے ہوون، اوتھے خداوند نوں کیویں اپنے نال رکھنا اے؛ اوہ اپنی گواہی نوں دوجیاں نال سانجھا کرنا سِکھدے نیں اتے اپنے لوکاں وچکار گنتی ودھاؤن لئی اک پوکھو (نصب العین) وچ ساجھے دار نیں (انجیل وچ سانجھ)۔ کورس پورا کرن نال ایہدے وچ شامل ہوون والے لوکیں نویں پرچارک بناؤن (تیجا درجا) تے اوہناں نوں منڈلیاں دی شکل دیون دے طریقے سکھ لین گے۔

''سُچے پرچارک بناؤنا'' دے طریقے راہیں دوجیاں نوں سکھاؤن لئی سچے دل نال تیار سِکھلائی لین والے ''سُچے چرچاں دی شروعات'' یاں ''سُچے آگواں دی سکھیا'' راہیں اگے ودھ سکدے نیں۔ ایہدی بنیاد اوہناں دیاں لوڑاں نیں۔ سُچے چرچاں دی شروعات سِکھلائی دا اِک نظام اے جہدا مقصد چرچاں نوں نویں منڈلیاں تے چرچ شروع کرن دے قابل بناؤنا (چوتھا درجا) اے جہدے نال چرچ دا مڈھ بنھن دی تحریک اگے ودھے۔ سُچے آگواں دی سِکھلائی دا پروگرام جوشیلے، روحانی آگو بناؤنا اے (یسوع دے کارج دا پنجواں درجا)، تے ایہ وی چرچاں دی نینہ رکھن دے مقصد نوں پورا کرن وچ حصہ پاؤندا اے۔ سِکھلائی دے دونویں نظام یسوع مسیح دی طریقے سے کارج نوں کھول کے وکھاؤندے نیں، سِکھلائی لین والیاں نوں سادہ تے فیر ورتے جاؤن دے قابل طریقے دسدے نیں جنہاں راہیں اوہ دوجیاں نوں وہ نال رلا سکدے نیں۔

تھلے دتے گئے کلام مقدس دے حوالے یسوع دے پنج اقدامات دی وضاحت کردے نے. پیٹر تے پال دیاں حکمت عملیاں وی سانوں دسدیان نے کہ اناں نے کنج یسوع دے طریقہ دی پیروی کیتی."یسوع دی تربیت دی پیروی کرو" سانوں اسی طریقہ دا راہ دسدا ے.

یسوع

خداوند تے پکا یقین

اور یسُوع حِکمت اور قدوقامت میں اور خُدا کی اور
اِنسان کی مقبُولیّت میں ترقی کرتا گیا۔ لوقا ۲ :۵۲

انجیل نال سانجھ

پھر یُوحنّا کے پکڑوائے جانے کے بعد یُسوع نے
گِلیل میں آکر خُدا کی منادی کی۔ اور کہا کہ وقت پُورا
ہوگیا ھے اور خُدا کی بادشاھی نزدیک آگئی ہے۔ تَوبہ
کرو اور خوشخبری پر ایمان لاو مرقس ۱:۱۴،۱۵

نویں مرید بناؤنا

اور ِگلیل کی جھیل کے کنارے جاتے ہوئے اُس نے
شمعون اور شمعون کے بھائی اندریاس کو جھیل
میں جال ڈالتے دیکھا کیونکہ وہ ماہی گیر تھے۔ اور
یُسوع نے ُان سے کہا میرے پیچھے چلے آو تو میّں
تمکو آدم گیر بناؤں گا - وہ فی الفور جال چھوڑکر
اُس کے پیچھے ہولِئے۔ مرقس ۱ ۱٦، ۱۸

گرجیاں چ جاؤں لئی ٹولیاں دی نینہ رکھنا

اور اُس نے بارہ کو مُقرّر کِیا تاکہ اُس کے ساتھھ رہیں
اور وہ اُن کو بھیجے کہ منادی کریں-اور بدروحُوں
کو نِکالنے کا اِختیار رکھّیں- مرقس ۳:۱٤ ، ۱۵

آگو تیار کرنا

اور اُس نے اُن بارہ کو اپنے پاس بُلاکر دو دو کرکے بھیجنا شُروع کِیا اور اُن کو ناپاک رُوحوں پر اِختیار بخشا-اور حُکم دیا کہ راستہ کے لِئے لاٹھی کے سِوا کچُھھ نہ لو- نہ روٹی- نہ جھولی- نہ اپنے کمر بند میں پَیسے-مگر جُوتیا پہنو اور دو کُرتے نہ پہنو-اور اُس نے اُن سے کہ جہاں تُم کِسی گھر میں داخِل ہوتو اُسی میں رہو جب تک وہاں سے روانہ نہ ہو- مرقس ٦:١٠،٧

پیٹر

خداوند تے پکا یقین

جب وہ پہنچے تو وہ گھر ہے جہاں وہ رہ رہے تھے کے اوپر کے کمرے میں گئے تھے. پیٹر، جان، جیمز: یہاں وہ لوگ جو وہاں حاضر تھے ان کے نام ہیں. ہے. ہے. وہ سب کے سب ایک ساتھ ملاقات کر رہے تھے اور مسلسل نماز میں مریم یسوع مسیح کی ماں، کئی دیگر خواتین، اور عیسی علیہ السلام کے بھائیوں کے ساتھ متحد ہے،. اعمال ١:١٤،١٣

انجیل نال سانجھ

پیٹر نے کہا، ”خدا کے لیے یسوع مسیح کے نام میں بپتسما دیا ہے ، تا کہ آپ کے گناہ معاف ہو جائے گا واپس مڑیں تو پھر آپ کو روح القدس دی جائے گی. ہے اعمال ٢:٣٨،٣٩

نویں مرید بناؤنا

وہ مسلسل رسولوں درس و تدریس اور فیلو شپ کے لئے، روٹی کے توڑا اور خود نماز کے لیے گئے تھے ہر کوئی ایک خوف کے احساس کو محسوس کر رکھا ہے، اور رسولوں کے ذریعے بہت سے چمتکار اور علامات کی جگہ لے جا رہے تھے. اعمال ۲:۴۳،۴۲

گرجیاں چ جاؤں لئی ٹولیاں دی نینہ رکھنا

سب جو ایمان لائے تھا ساتھ میں تھے اور مشترک تمام چیزوں کی تھی، اور وہ ان کی جائیداد اور مال فروخت کرنا شروع کر دیا گیا اور ان سب کے ساتھ اشتراک کے طور پر کسی کو ضرورت ہو سکتا ہے. دن کی طرف سے دن مندر میں ایک ہی ذہن کے ساتھ جاری رکھنے، اور گھر سے گھر تک روٹی توڑنے، وہ ان کے کھانے کے لے ایک دوسرے کے ساتھ دل کے ہرش اور اخلاص کے ساتھ، خدا کی تعریف کر اور حق رکھنے والے تمام لوگوں اور رب کے ساتھ ان کی تعداد کے دن کے لئے انہوں نے مزید کہا گیا تھا ان لوگوں کے دن کی طرف سے جو کر رہے تھے بچایا جا رہا ہے. اعمال ۲:۴۴، ۴۷

آگو تیار کرنا

اور تو، بھائیوں، سات مردوں منتخب کریں جو اچھی طرح احترام کیا ہے اور روح اور عقل کے مکمل ہیں. ہم نے انہیں اس ذمہ داری دے گا. پھر ہم نماز میں ہمارا وقت خرچ کرتے ہیں اور لفظ سکھا سکتے ہیں). (ویکھو اعمال ۶:۵،۶) اعمال ۶:۴،۳

پال

خداوند تے پکا یقین

لیکن جب خدا، جس نے مجھے سیٹ کے علاوہ
پیدائش سے ملاقات کی اور اس کے فضل سے مجھے
خوشی ہوئی مجھے میں اپنے بیٹے کے لئے ظاہر
کی تا کہ میں اسے انیجاتیوں میں تبلیغ کر سکتے
ہیں، میں نے کوئی مشورہ نہیں کیایار، نہ ہی میں
یروشلم کے لئے کیا وہ لوگ جنہوں نے رسولوں
تھے اس سے پہلے کہ میں دیکھنے کے لئے جاتے
ہیں، لیکن میں عرب میں فوری طور پر گئے تھے
اور بعد میں دمشق واپس آئے. گلیشیں ۱:۱۷،۱۵

انجیل نال سانجھ

وہ پولس اور برنباس اس شہر میں اچھی خبر کی تبلیغ
اور اس کے چیلوں میں سے ایک بڑی تعداد میں جیتا.
پھر وہ لوسترا۱ ، اور انتاکیا کو لوٹ آئے، اعمال ۲۱،۱٤

نویں مرید بناؤنا

کے چیلوں کو مضبوط بنانے اور ان کے عقیدے کے
سچ رہتے ہیں کا. انہوں نے کہا کہ ہم نے کئی مشکلات
کے ذریعے جانا خدا کی بادشاہی میں داخل کرنے کے
لیے ضروری ہے، "انہوں نے کہا کہ. اعمال ۱٤:۲۲

گرجیاں چ جاؤں لئی ٹولیاں دی نینہ رکھنا

پولس اور برنباس کو ہر چرچ میں ان کے لئے بڑے مقرر، اور نماز اور روزے کے ساتھ، یہوا کے لیے ان کا ارتکاب، وہ جس میں ان کا اعتماد دیا تھا. اعمال ۲۳:۱٤

آگو تیار کرنا

وہ پال اور لوسترا‌ا، جہاں ایک نام تیمتیس چیلا رہتے تھے، جس کی ماں ایک اور ایک مومن تھا لیکن جن کے والد ایک یونانی تھا کے کرنے کے لئے تو آیا. لوسترا‌ا اور ا میں بھائی اس سے اچھی طرح بات کی. پال نے اسے سفر پر ساتھ لے جانا چاہتا تھا. ہے. ہے. اعمال ۱٦:۳،۱

چرچ دی تواریخ

چرچ دی ساری تواریخ وچ ایہ پنج درجیاں والا عمل صاف دِسدا اے۔ بھانویں سینٹ بینیڈکٹ، سینٹ فرانسس آف اسیزی، پیٹر والڈ تے والڈینیسی، جیکب سپنسر تے سُچے دین دے پرچارک جان ویسلی تے میتھوڈسٹ جوناتھن ایڈورڈز اتے پیوریتانی گلبرٹ ٹیننٹ تے باپٹسٹ ڈاسن ٹروٹمین تے نیوی گیٹرز بلی گراہم تے نویں زمانے دے ایوانجلیکی یا بل رائٹ تے کیمپس کروسیڈ فار کرائسٹ ہووے --- ہر پاسے ایہی عمل بار بار نظر آؤندا اے۔

یسوع نے فرمایا: "*میں اپنا چرچ بناواں گا*" (متی دی انجیل۱٦:۱۸)۔ ایہی اوہناں دا کارج اے، اتے FJT دِین داراں نوں پورے دل نال یسوع دی راہ تے ٹرن دے قابل بناؤندی اے۔

سِکھلائی دیون والیاں دی سِکھلائی

ایہ سیکشن وستھار نال دسدا اے بئی سِکھلائی دین والیاں نوں ایس طرح کیویں تیار کرنا اے کہ اوہ ہوراں نوں وی سکھا سکن۔ سبھ توں پہلاں اسیں تہانوں دساں گے کہ تسی "سُچے پرچارک" بناؤن راہیں کیہ حاصل ہوون دی امید رکھ سکدے ہو۔ فیر، اسی سِکھلائی دے عمل دا خلاصہ دساں گے جہدے وچ 1 عبادت، 2دعا، 3 پڑھائی تے 4 عملی کم شامل نیں، جہدی بنیاد سبھ توں ودھ ضروری حکم تے ہے۔ آخر وچ اسی سِکھلائی دین والیاں دی سِکھلائی لئی کجھ خاص اصول دساں گے جہڑے ہزاراں سِکھلائی دین والیاں نوں تیار کردیاں ہویاں ساہنوں پتہ لگے۔

حاصل کیتے ہوئے نتیجے

"سُچے پرچارک بناؤن"دا عمل پورا ہوون مگروں سِکھلائی لین والے ایس قابل ہو جاؤن گے کہ:

- یسوع مسیح دیاں دسیاں ہوئیاں گلاں دی بنیاد تے دوجیاں نوں دس سبق سکھا سکن تے سِکھلائی دے عمل نوں اگے ودھاؤن۔
- یسوع دے سچے مرید دیاں اٹھ تصویراں سوچو۔
- چھوٹی جہی منڈلی وچ عبادت کرواؤ جہدی بنیاد سبھ توں خاص حکم تے ہووے۔
- پورے اعتماد نال اک تگڑا ثبوت تے انجیل پیش کرو۔

- گواچے ہوئے لوکاں تیکر اپڑن لئی اِک ٹھوس پوکھو پیش کرو اتے اعمال ۹۲ دی مدد نال ایمان والیاں نوں سکھاؤ۔
- یسوع دے مریداں دا اِک گروپ (منڈلی) شروع کرو (جنہاں وچوں کجھ چرچ بن جاؤن گے) اتے دوجیاں نوں وی ایہ کم کرن لئی آکھو۔

عمل

ہر سیشن دا ڈھانچا اکو اے۔ تھلے ترتیب تے وقت دا اندازہ دسیا گیا اے:

حمد

- ۱۰ منٹ
- کسے نوں سیشن شروع کرن لئی آکھو۔ منڈلی دے ہر بندے لئی خداوند دی برکت سے سیدھاں منگو۔ منڈلی وچوں کسے اِک دا ناؤں کجھ کورس یا حمداں گاؤن لئی دسو (اپنے موقعے دے حساب نال)؛ کوئی ساز وی رکھیا جا سکدا اے۔

دعا

- ۱۰ منٹ
- سِکھلائی لین والیاں دے جوڑے ایسے بندیاں نال بناؤ جہدے نال اوہ پہلا نہ رہے ہوون۔ ساتھی اک دوجے نو دو سوالاں دے جواب دسن:

۱ - اسی گواچے ہوئے لوکاں نوں بچاؤن لئی کیویں دعا کر سکدے ہاں؟
۲ - اساں اپنی منڈلی دے بندیاں لئی کیویں دعا کر سکدے ہاں؟

- جے کسے سِکھن والے نے منڈلی شروع نئیں کیتی تے اوہدے ساتھی نوں چاہیدا اے کہ اوہدے نال رل کے دوستاں تے گھر والیاں دی لسٹ بنائے جنہاں نوں سکھایا جا سکدا ہووے، اتے فیر اوس لسٹ وچ لکھے ہوئے لوکاں واسطے دعا کرواؤ۔

پڑھائی

سِکھلائی دے یسوعی نظام تے عمل کرن لئی ایہ چیزاں ضروری نیں: حمد، دعا، پڑھائی تے عملی کم۔ ایس عمل دی بنیاد سادہ عبادت دے ماڈل تے ہے جہڑی ویاکھیا صفحہ 33 دے شروع وچ کیتی گئی اے۔ FJT مینوئل سے دس سبقاں لئی ''پڑھائی'' دا سیشن تھلے دِتا جا رہیا اے:

- ۳۰ منٹ
- "پڑھائی" دے ہر سیشن دی شروعات "جائزے" نال ہوندی اے۔ ایہ یسوع مسیح دیاں اٹھ تصویراں تے سبقاں دا جائزہ اے جنہاں تے اجے تیکر پوری پکڑ ہو چکی اے۔ سِکھلائی دے اخیر وچ سِکھن والے ساری سِکھلائی زبانی سناؤن دے قابل ہوون گے۔
- "جائزے" مگروں ٹرینر یاں اپرنٹس سِکھلائی لین والیاں نوں جاری سبق بارے دسدا تے زور دیندا اے کہ اوہ گوہ نال سُنن کیونجے اگے جا کے اوہ آپے وی دوجیاں نوں سکھاؤن گے۔
- جدوں ٹرینر سبق پیش کرن تے اوہناں نے ایس ترتیب نال چلنا چاہیدا اے:

1 ۔ سوال پچھنا،
2 ۔ کلام پڑھ کے سنانا،
3 ۔ سِکھلائی لین والیاں نوں سوال دے جواب دیون وال لیاؤنا۔

ایس عمل راہیں خداوند دا کلام حیاتی دا حاکم بن جاؤند اے اتے صرف استاد ہی نئیں رہندا۔ استاد کئی واری سوال کردے، جواب

دیندے تے فیر اپنے جواب دی حمایت وچ پاک کلام پڑھدے نیں۔ ایہ ترتیب پاروں خداوند سے کلام دی تھانویں استاد حاکم بن جاؤندا اے۔

- جے سِکھلائی لین والے سوال دا جواب ٹھیک نہ دسن تے اوہناں دی غلطی ناں کڈھو، سگوں کلام دا حصہ اُچی اواز وچ پڑھن تے مُڑ جواب دیون لئی آکھو۔
- ہر سبق دے اخیر وچ ایک آیت یاد کیتی جاؤندی اے۔ سِکھن تے سکھاؤن والے اکٹھے کھلو کے آیت دس واری پڑھن: پہلاں آیت دا ناؤں نمبر دسن، فیر آیت پڑھن۔ سِکھن والے پہلی چھ واریاں وچ اپنی بائبلاں یا گائیڈاں ورت سکدے نیں۔ پر اخیرلی چار واریاں وچ منڈلی ساری آیت زبانی پڑھے۔ ساری منڈلی دس واری آیت پڑھے تے فیر بہہ جائے۔

مشق

- ۳۰ منٹ
- سکھاؤن والیاں (ٹرینرز) نے پہلاں سِکھلائی لَین والیاں نوں "دعا" لئی جوڑیاں چ ونڈیا سی۔ اوہناں دا دعا والا ساتھی مشق لئی وی ساتھی اے۔
- ہر سبق وچ جوڑے دا "آگو" چنن لئی طریقہ دسیا گیا اے۔ ایہ آگو اوہ اے جہڑا پہلا سکھائے گا۔ سکھاؤن والا (ٹرینر) منڈلی نوں جوڑے وچوں اِک آگو چنن دا طریقہ دسدا اے۔
- ایہ آگو اپنے سکھاؤن والیاں دی مثال تے ٹردیاں ہویاں اپنے ساتھی نوں سکھاؤندا اے۔ سکھاؤن دے عرصے وچ جائزہ تے نواں سبق شامل ہونا چاہیدا اے، اتے اخیر وچ آیت زبانی یاد کیتی جاوے۔ سِکھلائی لَین والے کھلو کے "زبانی آیت" پڑھن اتے ایہ پوری کر کے بہہ جاؤن، تانجو سکھاؤن والے ویکھ سکن بئی کس کس نے کم پورا کیتا اے۔
- جدوں جوڑے دا اِک بندا آیت پوری کر لوے تو دوجا بندا ایس عمل نوں فیر توں کرے۔ اِنج اوہ سِکھلائی دی چنگی مشق کر سکدے نیں۔ پَک کر لوو بئی جوڑا ایس عمل وچ کجھ چھڈے نا، یاں کوئی ڈنڈی نا مارے۔

- جدوں مشق کیتی جا رہی ہووے تے کمرے وچ ایدھر اودھر ٹُردے پھردے رہوو۔ ایس طرحاں اوہناں دا ٹھیک ٹھیک عمل کرن دا پک ہو جاوے گا۔ ہتھاں نوں نا ہلاؤن دا مطلب اے بئی اوہ تہاڈی مثال تے نئیں ٹر رہے۔ زور دیو کہ اوہ تہاڈے والے سٹائل دی نقل کرن۔
- اوہناں نوں ایک نواں ساتھی لبھن تے مُڑ تو مشق کرن لئی آکھو۔

اخیر

- ۲۰منٹ
- بوہتے سیشن سِکھلائی دی عملی مشق تے مکدے نیں۔ سِکھلائی لین والیاں نوں اینان ویلا دیو کہ اوہ اپنے اعمال 29 تے کم کر سکن؛ اتے ٹُرن پھرن تے دوجیاں کولوں نویں خیال لین لئی آکھو۔
- کوئی وی ضروری اعلان کرو، اتے فیر کسے نوں سیشن دی برکت لئی دعا کرن واسطے آکھو۔ سِکھلائی دے اخیر تے ایسے بندے نوں دعا لئی بلاؤنا چاہیدا اے جہنے پہلاں دعا ناں کروائی ہووے۔ ساریاں نوں گھٹو گھٹ اِک واری دعا کروانی چاہیدی اے۔

اصول

اساں پچھلے دس ورھیاں چ ہزاراں لوکاں نوں سکھاؤندیاں ہویاں تھلے دِتے ہوئے اصول کڈھے نیں۔ ساڈے تجربے موجب ایہ اصول کسے خاص کلچر نال جڑے ہوئے نئیں؛ اساں ایہناں نوں ایشیا، امریکا تے افریقہ وچ عمل کردیاں ویکھیا اے (اجے تیکر سانوں یورپ بارے نئیں پتا)۔

- *پنج دا اصول* -- سِکھن والیاں نوں چاہیدا اے بئی کسے ہور نوں سکھاؤن دا ضروری بھروسا حاصل کرن توں پہلاں سبق دی پنج واری مشق کرن۔ ایسے لئی اساں مشق دا وقت دونا رکھن لئی کہندے ہاں۔ سِکھن والیاں نوں اِک وار اپنے

دعا والے ساتھی نال تے فیر کسے ہور ساتھی نال رل کے مشق کرنی چاہیدی اے۔

- *بوہتے نالوں تھوڑا تھوڑا چنگا اے* -- بوہتے سِکھلائی دیون والے اپنی تابعداری دی پدھر توں کِتے ودھ پڑھے لکھے نیں۔ سکھاؤن والیاں دی اِک عام غلطی سِکھن والیاں نوں اینا کجھ دسنا اے جھدے اُتے اوہ عمل کر سکدے ہوون۔ ایس قسم دی سِکھلائی نال لمے عرصے تیکر جڑے رہنا سِکھن والیاں نوں بوہت ساریاں گلاں دا جانو کروا دیندا اے پر عملی کم بہت گھٹ کرواؤندا اے۔ ساڈی ہمیشاں ایہی کوشش ہوندی اے بئی سِکھن والیاں تے "اوناں ای علم" دا بھار لدیے جھڑا اوہ چُکن تے عملی ورتوں وچ لیاؤن دے قابل ہوون۔
- *ہر کوئی اپنے طریقے نال سکھدا اے* -- لوکیں سِکھلائی نوں اڈو اڈ طریقیاں نال لیندے نیں: سننا، ویکھنا تے اشارے۔ سِکھلائی دے عمل نوں اگے ودھن والا بناؤن لئی ضروری اے بئی ہر سبق وچ سِکھلائی دے ایہ تِنے طریقے ورتے جاؤن۔ پر سِکھلائی وچ بڑا ہویا تو اِک یاں دو طریقے ای بنیاد بنائے جاؤندے نیں۔ اساں ایہ سوچیا اے بئی لوکاں دی پوری منڈلی وچ اِک بدلاؤ نظر آنا چاہیدا اے۔ سو ساڈا سِکھلائی دیون دا نظام ایہ تِنے طریقے ورتدا اے تانجو کوئی وی باہر نہ رہ جاوے۔
- *عمل تے سِکھلائی دا سَت خاص طور تے ضروری نیں* -- کھوجیاں نے بالغاں نوں پڑھاؤن لئی کئی نویاں گلاں دا کھوج لایا اے جھدے راہیں اساں اوہناں نوں نری معلومات دیون دی تھانویں بدل کے رکھ سکدے ہاں۔ جیویں، ساہنوں پتا اے بئی عام ورتیا جاؤن والا "لیکچر فارمیٹ" بوہتے پڑھیاراں لئی چنگا طریقا نئیں۔ افسوس دی گل اے، سمندر پار دِتی جاؤن والی بوہتی سِکھلائی اجے وی ایسے طریقے نال ہوندی اے۔ اساں FJT نظام وچ کم نوں اگے ودھاؤن نوں دُھرا مندے ہاں؛ اساں اپنے سبقاں نوں ایس طرحاں پرکھدے ہاں بئی اوہ سِکھن والیاں دی اگلی نسل نوں سِکھلائی دیون دے قابل بنا دیوے۔
- *جائزہ، جائزہ، تے فیر جائزہ* -- یاد کرواؤن لئی ورتی جاؤن والی اِک ہور لفظالی "زبانی یاد کرنا" اے۔ ساڈا سِکھلائی دا نظام لوکاں دے دِلاں نوں بدلیا ہویا ویکھن نال سمبندھ رکھدا

اے۔ سو ساڈا اِک مقصد ایہ اے بئی ہر طالب علم (پڑھیار) سِکھلائی دے سارے کورس نوں زبانی یاد کرے۔ ہر پڑھائی توں پہلاں "جائزہ" سیکشن سِکھن والیاں نوں ایہ کم کرن دے قابل بناؤندا اے۔ جائزے دا ایہ کم ضرور کرواؤ۔ اسی ویکھیا اے بئی جنوب مشرقی ایشیا وچ تیجی جماعت تیکر پڑھے ہوئے پنیری اگاؤن والے واہک وی ہتھ نوں حرکت دے کے "سُچے پرچارک بناؤن" دا سارا سبق سنا سکدے نیں۔

- *سبق دی تیاری* ۔۔ سبق بناؤندیاں ہویاں اساں اوہنوں ایس طرحاں اساردے ہاں کہ اوہ سِکھن والیاں نوں یاد رہے تے اوہناں دا اپنے اُتے بھروسا قیم کرے۔ جیویں، اساں پہلا سوال پچھدے، کلام پڑھدے، جواب دیندے، اتے ہتھاں دی حرکت وکھاؤندے ہاں۔ تد اساں دوسرا سوال پڑھدے تے ایسے عمل توں لنگھدے ہاں۔ اگے پر تیسرے سوال ول جاؤن تو پہلاں اساں پہلے تے دوجے سوال لئی سوال، جواب تے ہتھ دی حرکت دا جائزہ لیندے ہاں۔ ایس توں مگروں اساں تیجے سوال ول ودھدے ہاں۔ اساں سارے سبق وچ ایہی کجھ وار وار کردے ہوئے ہر سوال دے نال نال سبق نوں اُساردے ہاں۔ ایس طرحاں سِکھن والیاں نوں پورے پچھوکڑ نال سارا سبق سمجھن تے چنگے طریقے نال یاد رکھن وچ اسانی ہوندی اے۔
- *مثال بن کے وکھاؤنا* ۔۔ لوکیں اوہی کجھ کردے نیں جو دوجیاں نے کردیاں ویکھن۔ سِکھلائی دا سمبندھ نِرا دوجیاں نوں سکھاؤن نال ای نئیں، سگوں مادی دنیا وچ زندگی گزارن نال وی اے۔ اپنی حیاتی وچ خداوند دیکارگزاریاں بارے نویاں کہانیاں سِکھلائی لین والیاں نوں جوش دلاؤندیاں نیں۔ سِکھلائی ایک نوکری نئیں؛ ایہ زندگی گزارن دا اِک ڈھنگ اے۔ چرچ دی شروعات لئی تحریکاں دی بنیاد ایہ ڈھنگ اپناؤن والی منڈلی وچ ایمان رکھن والیاں دی گنتی تے ہے۔

سادہ عبادت

سادہ عبادت FJT سِکھلائی دا اِک اچیچا آنگ اے ۔۔ مرید بناؤن لئی سبھ نالوں ضروری مہارتاں چوں اِک۔ سبھ توں وڈے حُکم دی بنیاد تے سادہ عبادت لوکاں سکھاؤندی اے بئی اوہناں نے خداوند نال بھگتی دے حکم نوں پورے دل، پوری روح، پورے ذہن تے پوری طاقت نال کیویں مننا اے۔

اساں رب نوں دِلوں پیار کردے ہاں، اساں اوہدی بھگتی کردے ہاں۔ اساں اپنی پوری روح نال خداوند نال موہ رکھدے ہاں، ایس لئی اساں اوہدی عبادت کردے ہاں۔ اساں خداوند نوں اپنے سارے ذہن نال چاہوندے ہاں، سو اساں بائبل پڑھدے ہاں۔ اخیر وچ، اساں خداوند نوں اپنی ساری طاقت نال محبت کردے ہاں، سو اساں اپنی سکھی ہوئی چیزاں نوں عملی روپ دیندے ہاں تانجو دوجے وی اوہدا فیدہ چُک سکن۔

خداوند نے سارے جنوب مشرقی ایشیا وچ نِکی نِکی منڈلیاں نوں برکت دِتی اے جنہاں نے گھر، ریسٹورنٹ، پارک، سنڈے سکول یاں پیگوڈا وچ وی سادہ عبادت دی راہ پھڑی۔

شیڈول

- چار بندیاں دی منڈلی نوں سادہ عبادت پوری کرن وچ کوئی پنجھی منٹ لگدے نیں۔
- سیمینار وچ اساں دن دے شروع تے/ یاں لنچ توں مگروں سادہ عبادت رکھدے ہاں۔
- پہلی واری سادہ عبادت کردیاں ہویاں منڈلی دا خیال رکھو؛ ایہدا ہر اِک حصہ پورا کرن دے طریقے تے کجھ چانن پاؤ۔

- سادہ عبادت دا ماڈل بناؤن توں مگروں سِکھلائی وچ شامل ہر بندے نوں اپنا اِک ساتھی چنن لئی آکھو۔ عام طور تے لوکیں اپنے کسے دوست دا چُندے نیں۔ جدوں ہر کوئی اِک ساتھی بنا لوے تے ہر جوڑے نوں آکھو کہ اوہ کسے ہور جوڑے نال رل جائے۔ اِنج چار بندیاں دی منڈلی بن جاوے گی۔
- منڈلیاں نوں اپنا اپنا ناؤں رکھن لئی آکھو تے ایس کم لئی پنج منٹ دیو۔ ایس توں مگروں کمرے دا چکر لاؤ تے ہر منڈلی توں اوہدا ناؤں پُچھو۔ باقی دی ساری سِکھلائی دے دوران منڈلیاں نوں ایس ناؤں نال بلاؤن دی کوشش کرو۔
- اساں ہفتہ وار بنیاد تے لوکاں نوں سادہ عبادت پہلاں سکھاؤنا چاہوندے ہاں۔ باقی دے دو سیشنز وچ اساں فیر ایہناں ول آؤندے تے مشق کردے ہاں۔

عمل

- چار چار دیاں منڈلیاں بناؤ۔
- ہر بندہ سادہ عبادت دا اِک وکھرا حصہ لوے۔
- جدوں وی تسی سادہ عبادت کرو تے سِکھن والے واری واری وکھو وکھ حصہ لَین، سو سِکھلائی دے اخیر تےاوہناں نے ہر حصہ گھٹو گھٹ اِک والے کر لئیا ہووے گا۔

حمد

- ہر بندہ دو کورس یا حمداں گاؤن وچ منڈلی دی اگوائی کرے (موقعے دے حساب نال)۔
- سازاں دی لوڑ نئیں۔
- سِکھلائی دے سیشن وچ سِکھن والیاں نوں آکھو کہ اپنیاں کرسیاں اِنج رکھن جیویں وہ رَل کے کسے کیفے دی میز تے بیٹھے ہوون۔
- ہر منڈلی وکھو وکھ گیت گائے گی۔

- منڈلی نوں وضاحت کرو کہ ہن اپنے پورے دل نال منڈلی دی صورت وچ خداوند دی حمد کرن دا موقعا اے، نہ کہ ایہ ویکھن دا کہ کہڑی منڈلی سب نالوں اُچا گاؤندی اے۔

عبادت

- اِک ہور بندہ (جنہنے حمد دی اگوائی نہ کیتی ہووے) عبادت ویلے منڈلی دی اگوائی کرے۔
- عبادت کرواؤن والا منڈلی دے ہر بندے توں اِک دعا پچھے تے اوہنوں لکھ لوے۔
- عبادت دا آگو عہد کردا اے کہ اوہ منڈلی دے اگلی واری ملن تیکر ایہناں چیزاں بارے دعا کرے گا۔
- جدوں ہر بندہ اپنے اپنے ولوں دعا دس لئے تے عبادت کرواؤن والا منڈلی لئی عبادت کروائے۔

پڑھائی

- چار دی منڈلی وچ کوئی ہور بند پڑھائی کروائے۔
- پڑھائی کرواؤن والا بائبل وچوں کوئی کہانی اپنے لفظاں وچ سنائے؛ ساڈی صلاح اے کہ کہانیاں انجیلاں توں ہوون، گھو گھٹ شروع وچ تے ضرور۔
- منڈلی دی بنیاد تے تسی آگواں نوں آکھ سکدے ہو کہ اوہ پہلاں بائبل دی کہانی پڑھن تے فیر اوہنوں اپنے لفظاں وچ دسن۔
- جدوں پڑھائی کرواؤن والا بائبل دی کہانی سنا دیوے تے اپنی منڈلی توں تِن سوال پچھے:

1 - ایہ کہانی ساہنوں خداوند بارے کیہ سکھاؤندی اے؟
2 - کہانی انجیلاں بارے کیہ سبق دیندی اے؟
3 - ایس کہانی وچ میں کہڑی ایسی گل سکھی جو مینوں یسوع والی راہ تے ٹُرن لئی مدد دیوے گی؟

- منڈلی ہر سوال تے وکھ وکھ گل بات کرے، ایتھوں تیکر کہ آگو نوں لگے بئی ہور کوئی کرن والی گل نئیں رہ گئی۔ ایس توں مگروں اگلا سوال کیتا جاوے۔

مشق

- چار بندیاں دی منڈلی وچوں کوئی ہور بند مشق کروائے۔
- مشق کرواؤن والا آگو منڈلی نوں سبق دا فیر توں جائزہ لین وچ مدد دیندا تے تسلی کردا اے بئی ہر کسے نوں سبق دی سمجھ آ گئی ہووے تے اوہ ہوراں نوں وی سکھاؤن دے قابل ہووے۔
- مشق کرواؤن والا بائبل دی اوہی کہانی سنائے جہڑی پڑھائی کرواؤن والے نے سنائی سی۔
- مشق دا آگو اوہی سوال پُچھے جہڑے پڑھائی کرواؤن والے نے پُچھے سن، اتے ہر سوال اُتے فیر توں گل بات کروائے۔

آخر

- سادہ عبادت دی منڈلی عبادت دے ویلے نوں اخیر تیکر اپڑاؤن لئی اک ہور حمدیہ گیت گاؤندی یاں رَل کے خداوند دی عبادت کردی ہے۔

یاد رکھن لئی خاص اصول

- سادہ عبادت لئی چار چار دی منڈلی بنا کے کم کرنا سبھ نالوں ودھیا اے۔ جے پنج بندے ہوون تے صرف اِک منڈلی بناؤ۔ تِن تِن بندیاں دی دو منڈلیاں چھ بندیاں دی اِک منڈلی نالوں چنگی اے۔
- سادہ عبادت دی سِکھلائی لین والیاں نوں ہوراں نوں سکھاؤن دے قابل بناؤن لئی اِک اچیچی گل ایہ اے بئی ہر بندہ واری واری اِک اِک حصے دی مشق کرے: حمد، عبادت، پڑھائی یا عملی کم۔ چار بندیاں دی منڈلی نویاں گلاں سِکھن والے

لوکاں دی مدد کریندی اے، اتے ایہ بوہتی وڈی منڈلی وانگوں ڈراؤندی نئیں۔

- منڈلیاں دا حوصلہ ودھاؤ بئی اوہ اپنے دل وچ ہی عبادت کرن۔ جے منڈلی وچ کوئی گاؤن والا نئیں اے (جیویں کہ ہوندا اے) تے منڈلی نوں دسو بئی اوہناں نے زبوراں اُچی اواز وچ پڑھنیاں چاہیدیاں نیں۔
- تسلی کر لؤ بئی مشق کرواؤن والے نوں پورا وقت ملے۔ مشق دے ویلے تے نظر رکھن نال سادہ عبادت والی منڈلیاں ودھدیاں نیں۔ مشق دے سیشن بغیر ایہ ویلا بس بائبل پڑھن والی اِک ہور منڈی ای بن جاؤندا اے۔ کیہ تسی اصل وچ ایہی چاہوندے سی؟
- جیویں تُسی ویکھیا ہووے گا، دس FJT سیشنز وچ سادہ عبادت دا فارمیٹ ای ورتیا جاؤندا اے: حمد، عبادت، پڑھائی تے عملی مشق۔ مڈھلا فرق "پڑھائی" والے سیکشن دا مواد اے۔ FJT دے اخیر وچ سِکھلائی لین والیاں نوں سادہ عبادت والے فارمیٹ تے کئی واری مشق کرنا پوے گی۔ ساڈی دعا اے بئی اوہ اِک منڈلی دی اگوائی کرن تے ہوراں نوں وی رَل کے سادہ عبادت کرنا سکھاؤن۔

حصہ ۲

سکھلاؤنا

۱

جی آیاں نوں

خوش آمدید ٹرینرز اور سیکھنے کو متعارف کرانے کی طرف سے ٹریننگ سیشن یا سیمینار کھل جاتا ہے. تربیت کار کو مندرجہ ذیل طور پر حضرت عیسی علیہ السلام کے آٹھ تصاویر سیکھنے متعارف کرانے: فوجی، سالک، شیفرڈ، ، بیٹا، ایک مقدس، نوکر، اور ہاتھ التواء کے ملاپ کے مینیجر کے ساتھ. پر عمل کریں کیونکہ لوگوں کو سن، دیکھ کر، اور کر کی طرف سے سیکھتے ہیں، حضرت عیسی علیہ السلام کی تربیت ہر سیشن میں ان سیکھنے سٹائل کے ہر شامل ہے.

بائبل کا کہنا ہے کہ روح القدس ہماری ٹیچر ہے، سیکھنے کو تربیت بھر میں روح پر انحصار کرنے کی حوصلہ افزائی کی جاتی ہے. سیشن ٹرینرز اور سیکھنے کے درمیان ایک سے زیادہ آرام دہ ماحول، حضرت عیسی علیہ السلام کے ساتھ لطف اندوز کے چیلوں کو قائم کرنے کی قسم فراہم کرنے کے لئے ایک ”چائے کی دکان کھولنے کی طرف سے ختم ہو جاتی ہے.

حمد

- منڈلی دے ہر بندے لئی خداوند دی برکت سے سیدھاں منگو۔
- منڈلی وچوں کسے اِک دا ناؤں کجھ کورس یا حمداں گاؤن لئی دسو

مُڈھ

سکھاں والیاں دی جان سہیانڑ

ایک دائرے کی مانند میں ٹرینرز اور سیکھنے کے افتتاحی سیشن کے آغاز میں ہونا چاہئے. اگر میزیں قائم کیا گیا ہے، ان سے پہلے ہٹا دیا.

- ماڈل تربیت کس طرح سیکھنے خود کو متعارف کرائے گا.
- ٹرینر اور شکشو (معاہدہ C شکشو کے کردار کی وضاحت) ایک دوسرے سے متعارف کرانے. انہوں نے دوسرے شخص کے نام، ان کے خاندان کے بارے میں معلومات، نسلی گروپ (اگر مناسب ہو تو)، اور ایک طرح سے کہ خدا نے اس مہینے کے دوران انہیں نوازا ہے شریک ہیں.

سکھن والیاں دی جان سہیانڑ

- جوڑوں میں سیکھنے کی تقسیم.

ان سے کہو، "تم اسی طرح ہے کہ میرے شکشو اور میں نے میں اب ایک دوسرے سے متعارف کرائے گا."

- وہ ان کے ساتھی کا نام، ان کے خاندان کے بارے میں معلومات، نسلی گروہ اور ایک ہی راستہ ہے کہ خدا نے گزشتہ ماہ انہیں نوازا ہے سیکھنا چاہئے. ان کے لئے ان کے طالب علم کی نوٹ بک میں معلومات ہے تو وہ نہیں

جی آیاں نوں

بھول جائیں گے لکھنے کے لئے یہ مددگار ثابت ہو سکتے ہیں.
- تقریبا پانچ منٹ کے بعد، سیکھنے جوڑے نے خود کو اسی طرح ہے کہ آپ ان سے آپ کا ساتھی شروع میں کم از کم پانچ دوسرے پارٹنرز کو متعارف کرانے سے پوچھو.

یسوع دی دی جان سہیانڑ

"ہم آپ سے خود کو متعارف کرایا ہے،اور آپ کے پاس ایک دوسرے کے لئے میں کے اپنے آپ کو ہے. اب ہم آپ یسوع سے واقف کرانا چاہوں گا. بائبل میں حضرت عیسی علیہ السلام کی بہت سی تصاویر ہیں، لیکن ہم آٹھ اہم والوں پر توجہ مرکوز کرنے کے لئے جا رہے ہیں".

انجیل دے وچ یسوع دیاں اٹھ تصویراں

- سفید تختہ پر ایک دائرے کی مانند اپنی طرف متوجہ ہیں اور مسیح کی تصاویر کی فہرست. طالب علموں نے انہیں حکم میں دوبارہ کئی بار یہاں تک کہ وہ ان میموری سے کہتے ہیں کہ آسانی سے کر سکتے ہیں.

"یسوع ایک فوجی، سالک، بیٹا، ایک مقدس، نوکر، اور مینیجر ہے."

🖐 سپاہی
تلوار بلند.

🖐 چاہونڑ ہار
آنکھوں کے اوپر ہاتھ کے ساتھ آگے پیچھے دیکھو.

🖐 ایالی
آپ کے جسم کی طرف ہتھیار منتقل کے طور پر اگر آپ لوگوں کو جمع ہو رہے ہیں.

🖐 کاشت کار
ہاتھوں سے بیج ڈالا.

🖐 پتر
منہ کی طرف ہاتھوں کو منتقل ہو جیسا کہ تم کھا رہے ہیں.

🖐 صوفی
کلاسک "نماز ہاتھ" لاحق میں ہاتھ ڈال دیا.

"یسوع پویترا ہے، ہم رکن ہونے کے لئے کہا جاتا ہے."

خدمت گار
ایک ہتھوڑا.

مختیار
قمیض کی جیب یا پرس میں سے پیسے لے لو.

"ایک تصویر ایک ہزار الفاظ کے قابل ہے، اور ان بائبل تصاویر کے آپ کو عیسی علیہ السلام 'کے ساتھ' چلنے میں گہری بصیرت دے گا. ایک تصویر ہمیں ایک واضح تصور اور کب اور کس طرح یسوع کام کر رہی ہے کو تسلیم کرنے کی صلاحیت دیتا ہے.

" والد اخبار پڑھ گیا اور ان کے نوجوان بیٹے کو اس میں دخل دے رکھا ہے، کھیلنا چاہتے. میں کئی کے بعد، والد صاحب نے ایک اخبار کے صفحے کے باہر ٹکڑوں میں کاٹنے کی طرف سے ایک پہیلی بنا دیا. انہوں نے اپنے بیٹے کو بتایا کہ ٹکڑوں ٹیپ، ان کو صحیح ترتیب میں ایک ساتھ لے، اور پھر وہ اس کے ساتھ ادا کرے گی.

"والد صاحب کا خیال اس لے ان کے بیٹے نے ایک طویل وقت کے والد کافی باقی ان کے اخبار کے پڑھنے کے لئے وقت دے گا. اس کے بجائے، بیٹا 'پہیلی' کو مکمل کرنے کے ساتھ 10 منٹ کے بعد واپس آ گیا. جب ان سے پوچھا گیا کہ وہ کس طرح یہ کیا اتنی جلدی ہے، بیٹے نے جواب دیا، 'یہ آسان تھا. اس کی پیٹھ پر ایک تصویر تھی، اور جب میں نے تصویر ڈال سب ساتھ دوسری طرف پر حروف کے ساتھ آئے تھے، بھی ہے.'

"عیسی علیہ السلام کے ان آٹھ تصاویر آپ کو ایک واضح وژن دے کے طور پر آپ یسوع کے ساتھ چلے جائیں گے.

"کسی کی پیروی کرنے کے لئے جس طرح کہ انسان چیزوں کو کرتا ہے کو کاپی کرنے کا مطلب ہے. ایک شکشو ان کی تجارت کو جاننے کے لئے ماسٹر نقل. طالب علموں کو ان کے اساتذہ کی طرح بن جاتے ہیں. ہم سب کو کسی کاپی. ہم کسے کاپی ہے جو ہم بن جاتے ہیں. ہماری تربیت کے اوقات میں، ہم سوالات پوچھیں، جواب کے لئے بائبل میں نظر آئے، دریافت ہے کہ کس طرح حضرت عیسی علیہ السلام نے واک گا، اور عمل اس"

کیہڑے تن وادھوطریقیاں توں اسی سکھنیں آں؟

"تین طریقے ہیں کہ لوگ سیکھتے ہیں. ہر کوئی تینوں کا استعمال کرتا ہے، لیکن ہم میں سے ہر ایک سب سے اچھا طریقہ سیکھنے کے لئے جاتا ہے. اس تربیت میں ہم نے تمام تین طریقوں سے لوگوں کو ہر سبق میں سیکھنے کے استعمال، تو آپ میں سے ہر ایک کو اپنے مخصوص کے سیکھنے سٹائل کے ساتھ مواد کی مہارت حاصل کر سکتے ہیں گے.

"بعض لوگ سن کی طرف سے سب سے بہتر سیکھتے ہیں. یہی وجہ ہے کہ ہم کتاب ہمیشہ زور سے پڑھیں اور سوالات بلند آواز سے پوچھیں گے."

سن کے
اپنے کان کے ارد گرد اپنا ہاتھ کپ.

"کچھ لوگوں کو دیکھ کر سب سے بہتر سیکھتے ہیں. یہی وجہ ہے کہ ہم نے تصاویر اور ڈراموں کو اہم سچائیوں کی وضاحت کرنے کے لئے استعمال کریں گے."

✋ دیکھ کر
آپ کی آنکھوں کی طرف اشارہ.

"بعض لوگ کر کی طرف سے سب سے بہتر سیکھتے ہیں. اس وجہ سے، ہم ہاتھ پر. سرگرمیوں پڑے گا کہ میں آپ کی مدد کرتے ہیں جو ہم کے بارے میں بات کر رہے ہیں اور یہ مشق کریں گے"

✋ ایسا
تمہارے ہاتھوں کے ساتھ ایک رولنگ تحریک بنائیں.

"سن، دیکھ اور کر تین اہم اساتذہ ہمارے پاس ہیں. بائبل ہمیں یہ بھی بتاتی ہے کہ روح القدس جو ہماری ٹیچر ہے. سیمینار کے دوران، میں نے آپ سے میری درخواست ہے کہ وہ روح القدس پر سبق پیدا ہو سکتا ہے وہ ہے جو سب سے بہتر سکھاتا ہے سیکھنے کے لئے انحصار کرتے ہیں."

انت

چا حاضر اے! ☙

"آپ کون سی جگہ زیادہ سے لطف اندوز کرتے ہیں: ایک اسکول کی کلاس روم یا دوستوں کے ساتھ ایک چائے کی دکان کے (یا کافی دکان کے)؟"

"ہم نے کلاس میں بہت سی اچھی چیزیں سیکھتے ہیں، اور ہم نے اپنے اساتذہ کا احترام کرنا چاہئے. تاہم، جو ہم نے اپنے دوستوں، خاندان، اور گاؤں کے بارے میں جاننے

کا سب سے زیادہ چائے کی دکان میں ہے. یہ سچ تھا جب یسوع زمین پر آیا، اسی طرح ہے.

حضرت عیسی علیہ السلام نے کہا: تم کیا ہو جیسے لوگ؟ کس طرح کے لوگوں کے ہیں آپ؟ آپ مارکیٹ میں بیٹھے اور ایک دوسرے کے لئے چللا بچوں کی طرح ہیں، "ہم بانسری ادا کیا، لیکن تم نہیں ناچ گا! ہم جنازہ کا ایک گانا گایا تھا، لیکن تم نے رونا نہیں کرے گا "جان بیپٹسٹ کھانے اور پینے کے ارد گرد نہیں گئے، اور تم نے کہا،"! جان اس میں ایک شیطان ہے! "لیکن کیونکہ انسان کا بیٹا کھانے اور پینے کے ارد گرد ہوتا ہے، آپ ، کا کہن ہے کہ "یسوع کھاتا ہے، اور بہت زیادہ شراب پیتا ہے! انہوں نے ٹیکس جمع اور پاپیوں کے ایک دوست بھی ہے "پھر بھی حکمت ہے جو اس کے پیروک کی طرف سے حق ہو دکھایا جاتا ہے. ہے. لوقا ۷:۳۱،۳۵

"ہم چائے کی دکان میں آرام کر رہے ہیں. اگر یسوع زمین پر آج پھر سے واک آؤٹ کیا، انہوں نے کی چائے کی فیس کی دکانوں میں وقت خرچ کرے گا. انہوں نے اس روش کے بعد جب وہ پہلی بار آیا ہے. یہی وجہ ہے کہ ہم نے اس کمرے کو ایک چائے کی دکان میں ایک تربیتی مرکز سے تبدیل کر رہے ہیں."

- اس مرحلے پر، بندوبست کے لئے سیکھنے چائے، کافی، اور کچھ روشنی ناشتا خدمت کرنے کے لئے کیا جائے.

"چائے کی دکان کھلا ہے!" مقصد ایک تربیت کا ماحول ہے کہ آرام دہ اور زیادہ رسمی بنانے کے لئے ہے. دوسرے لفظوں میں، ایک گروپ ترتیب جس جس طرح سے کہ چیلوں تربیت کے قریب ہے.

۲

ودھاؤ

ایک مینیجر کے طور پر ضرب یسوع متعارف کروایا: ان کے وقت اور ھجانا پر بہتر منافع کیا چاہتے ہیں، اور وہ ایمانداری سے جینی کی خواہش ہے. سیکھنے تلاش اپجاؤپن کے لئے ایک بصیرت حاصل 1 (خدا کی پہلی کمانڈ ، لوگوں کوبنی نوع انسان،(2حضرت عیسی علیہ السلام کی آخری کمانڈ،3(222 اصول اور(گلیل اور بحیرہ مردار کے سمندر کے درمیان اختلافات.

سبق یہ بھی ملتا ہے کہ ایک پرہسن فعال سیکھنے کے ساتھ ہے جو تربیت دوسروں کے اور صرف ان کی تعلیم کے درمیان "پیداوار"، یا پھل، میں فرق کا ثبوت کے ساتھ ختم ہوتا ہے.
سیکھنے کو کس طرح ادا کی تعریف خدا کے لفظ کا مطالعہ کرنے کے لئے، اور دوسروں کو وزیر کی تربیت کرنے کا چیلنج کر رہے ہیں. وقت، ھجانا، اور سالمیت کی اس سرمایہ کاری کے ساتھ، سیکھنے یسوع ایک حیرت انگیز تحفہ دینا جب وہ اسے جنت میں دیکھ کر سکیں گے

حمد

- منڈلی دے ہر بندے لئی خداوند دی برکت سے سیدھاں منگو۔
- منڈلی وچوں کسے اِک دا ناؤں کجھ کورس یا حمداں گاؤن لئی دسو

عبادت

- وہ ایک پارٹنر کے ساتھ نہیں ہے اس سے پہلے کسی کے ساتھ جوڑے میں سیکھنے کا انتظام.
- ان کے ساتھ ہر سیکھنے حصص یا اس کے پارٹنر کو مندرجہ ذیل سوال کا جواب:

آج میں کس طرح آپ کے لیے نماز ادا کر سکتے ہیں؟

- شراکت دار ساتھ مل کر دعا کریں.

پڑھائی

جائزہ

جائزے مگروں ٹرینر یاں اپرنٹس سِکھلائی لین والیاں نوں جاری سبق بارے دسدا تے زور دیندا اے کہ اوہ گوہ نال سُنن کیونجے اگے جا کے اوہ آپے وی دوجیاں نوں سکھاؤن گے۔

آٹھ تصاویر اس کی مدد ہم سے عیسی علیہ السلام پر عمل کیا ہو؟
سپاہی، چاہونڑ ہار، ایالی، کاشت کار،پتر، صوفی ، خدمت گار، مختیار

ساڈی روحانی حیاتی اک غبارے وانگوں اے ✽

- ایک بیلون لے لو، یہ گروپ کو دکھانے، اور وضاحت

 "ہماری روحانی زندگی ایک بیلون طرح ہے."

- جیسا کہ آپ بیلون اڑانے کی وضاحت، کہ ہم خدا کی طرف سے برکت حاصل ہو. بیلون سے باہر ہوا اور کہتے ہیں کہ،

 "خدا نے ہمارے لئے دیتا ہے، تو ہم دوسروں کو دے گا. ہم ایک ایسی نعمت ہے مبارک رہے ہیں."

- اس عمل کو دہرائیں روحانی زندگی کے اندر اور باہر نوعیت کے مظاہرہ میں کئی بار.

 "ہم میں سے بیشتر، تاہم دے، نہیں ہے جو ہم حاصل کرتے، لیکن ہم نے اسے خود اپنے لئے رکھنا. شاید ہمیں لگتا ہے کہ کہ اگر ہم اس سے باہر دے، خدا نے ہمیا نہیں کرے گا. شاید ہمیں لگتا ہے کہ یہ بھی دینے کے لئے مشکل ہے."

- بیلون اڑانے رکھو، لیکن وقفے وقفے سے ہوا کی ایک چھوٹی سی رقم سے دو کیونکہ آپ خدا آپ کو ہے اتنا، اور "مجرم محسوس کرتے ہیں." آپ دوسروں کو نہیں دے رہے ہیں. آخر میں، بیلون اڑا جب تک یہ.

 "ہماری روحانی زندگی اس مثال کی طرح ہے. جب کوئی شخص ہمیں ایک سبق سکھاتا ہے، ہم پڑھاتے ہیں، کیا ہم نے کسی اور سے سیکھا ہے. جب ہم ایک نعمت ملتی ہے، ہم دوسروں کا بھلا کرنا چاہئے. جب ہم ایسا نہیں کرتے، یہ ہماری روحانی زندگی میں بڑے مسائل کی وجہ سے! دے نہیں جو ہم نے موصول کیا ہے اس بات کا یقین کر لیں کہ روحانی شکست کا راستہ ہے."

یسوع کس طرح دے سن ؟

لیکن جنت میں اپنے خزانے، جہاں کیڑے اور
مورچا کر ڈی نہیں کے لئے محفوظ کردیتے
ھیں، اور جہاں چور میں نہیں ٹوٹتا، اور نہ
چوری. جہاں آپ کی ھجانا ہے کے لیے، وہاں
آپ کے دل بھی ہو جائے گا. متی ٦ : ٢٠-٢١

"حضرت عیسی علیہ السلام ایک مینیجر ہے. انہوں نے پیسے کے بارے میں بات کی تھی، مال، اور ہماری ترجیحات کسی دوسرے موضوع کے مقابلے میں زیادہ ہے. ایک مینیجر کے طور پر، حضرت عیسی علیہ السلام ہم میں سرمایہ کاری کی ہے اور ایک اچھا واپسی کے لئے تلاش کر رہے ہیں."

☞ مینیجر
قمیض کی جیب یا پرس سے پیسے لینے کا دکھاوا.

تین چیزوں کی ایک مینیجر کیا کیا ہیں؟

یہ صرف ایک آدمی سفر پر جا کی طرح ہے انہوں نے اپنے ہی بندوں کو بلایا اور ان کو دیا اس کے مال. کسی ایک کے پاس وہ پانچ پرتیبھا دی، اور دوسرے، دو، اور ان کی خود کی صلاحیت کے مطابق ایک دوسرے کے لئے، ہر ایک کے لئے. پھر وہ سفر پر چلا گیا. فوری طور پر آدمی جو پانچ پرتیبھا موصول گیا تھا، ان کے کام کرنے کے لئے ڈال دیا، اور پانچ سے زیادہ کمائی ہے. اسی طرح، دونوں کے ساتھ آدمی کو دو سے زیادہ حاصل کیا. لیکن وہ آدمی جس نے ایک پرتیبھا حاصل کی تھی چلی گئی، زمین میں ایک سوراخ کھود، اور اپنے مالک کے پیسے چھپا رکھا تھا. ایک طویل وقت کے بعد ان غلاموں کے مالک آیا اور ان کے ساتھ اکاؤنٹس بس. آدمی کو رابطہ کیا جنہوں نے پانچ

پرتیبھا حاصل کی تھی، پانچ مزید پرتیبھا پیش کیا، اور کہا، "ماسٹر، تم نے مجھے پانچ پرتیبھا دی. دیکھو، میں نے پانچ مزید پرتیبھا کمایا ہے "اس کے مالک نے اس سے کہا،" اچھا کیا، اچھے اور وفادار غلام! تم چند ایک چیزوں سے زیادہ وفادار تھے، میں نے تم سے بہت سی چیزوں کے انچارج میں ڈال دیا جائے گا. اپنے مالک کی خوشی درج کریں "پھر دو پرتیبھا کے ساتھ انسان بھی رابطہ کیا ہے!. انہوں نے کہا کہ، "ماسٹر، تم نے مجھے دو کے تال دیا. دیکھو، میں نے دو سے زیادہ پرتیبھا کمایا ہے "اس کے مالک نے اس سے کہا،" اچھا کیا، اچھے اور وفادار غلام! تم چند ایک چیزوں سے زیادہ وفادار تھے، میں نے تم سے بہت سی چیزو کے انچارج میں ڈال دیا جائے گا. اپنے مالک کی خوشی درج کریں! "پھر وہ آدمی جو ایک پرتیبھا حاصل کی تھی بھی رابطہ کیا اور کہا،" مالک، میں نے آپ کو معلوم ہے. آپ ایک مشکل آدمی ہے، جہاں آپ نہیں بویا ہے فسل کاٹنے اور جہاں آپ بیج بکھرے ہوئے نہیں ہے جمع ہیں. لہذا میں ڈرتا تھا اور چلا گیا اور زمین میں تمہاری پرتیبھا چھپا رکھا تھا. دیکھو، تمہارے پاس ہے کیا تمہارا ہے. "لیکن اس کے مالک نے اس سے کہا،" تم بری، سست بندے! اگر آپ کو پتہ تھا کہ میں حاصل ہے جہاں میں نہیں بویا ہے اور جہاں میں نہیں بکھرے ہوئے ہیں جمع، تو آپ کو بینکروں کے ساتھ میرے پیسے جمع کرنا چاہیے. اور جب میں واپس آئے تو مجھے میرے پیسے سود کے ساتھ موصول واپس. تو اس سے پرتیبھا لے لو اور جو 10 پرتیبھا ہے اسے دے دو متی ۲۵ : ۱٤-۲۸

1. ان هجانا کو ٹھیک طریقے سے سرمایہ کاری.

"یسوع مسیح کے مالک کا پیسہ سرمایہ کاری کرنے کے الزام میں ڈال تین بندوں کی ایک کہانی بتاتا ہے. ان میں سے دو کے مالک کے پیسے کو ٹھیک طریقے میں شامل ہے."

2. اپنے وقت کو ٹھیک طریقے سے سرمایہ کاری.

"یسوع نے ہمیں ہمارے ایجنڈے پر اس کی سلطنت پہلی ڈال کرنا چاہتا ہے."

3. سالمیت کے ساتھ رہتے ہیں.

"جیسا کہ حضرت عیسی علیہ السلام کو ہماری سالمیت اور چھوٹی چیزیں میں ایمانداری دیکھتا ہے، انہوں نے ہمیں زیادہ کے ساتھ سپرد کرے گا."

"حضرت عیسی علیہ السلام ایک مینیجر ہے، اور وہ ہم میں رہتا ہے. جب ہم اس کی پیروی کریں، ہم ہو بھی جائے گا. ہم ہماری هزانا اور وقت کو ٹھیک طریقے سے سرمایہ کاری اور سالمیت کے ساتھ رہنے دے گا."

یسوع دا لوکاں نوں پہلا حکم کیہڑا سی ؟

- پیدائش 1:28 - خدا دنی انہیں؛ اور خدا نے ان سے کہا، "نتیجہ خیز اور ضرب، اور زمین کو بھرنے، اور یہ محکوم، اور سمندر کی مچھلی پر اور آسمان کے پرندوں پر اور اس کے پر حکمرانی ہر زندہ چیز جو زمین پر چلتا ہے"

"خدا نے لوگوں سے کہا تھا کہ اور جسمانی بچوں کے پاس کرنے کے لئے ضرب."

یسوع دا لوکاں نوں آخری حکم کیہڑا سی ؟

نشان زد 16:15 - انہوں نے ان سے کہا، "ساری دنیا میں جاؤ اور تمام مخلوق کے لئے اچھی خبر کی تبلیغ."

"اس نے اپنے چیلوں کو بتایا اور روحانی بچے ہیں ضرب."

ودھاؤ

میں کنج ودھا سگدا واں ؟

- 2 تیمتیس 2:2 - جو تم نے بہت سے گواہوں
کی موجودگی میں مجھ سے سنا ہے جو
دوسروں کو بھی سکھانے کے قابل ہو جائے
گا وفادار مردوں کے لئے ان سپرد.

”جب ہم دوسروں کو تربیت، جیسا کہ ہم تربیت حاصل کیا گیا ہے، تو خدا نے ہماری زندگی. ہم اس ’222 اصول کہتے ہیں ’حضرت عیسی علیہ السلام اپنی پال پر نازل کی. ہے. پال تیمتیس تربیت حاصل کی. تیمتیس تربیت یافتہ وفادار لوگ ہیں جو دوسروں کی اچھی طرح تربیت کے طور پر. اور سب اس کی تاریخ کے ذریعے جاری رکھا ... یہاں تک کہ ایک دن کسی کو عیسی علیہ السلام کے بارے میں آپ کے ساتھ اشتراک کیا ہے!“

گلیل / بحیرہ مردار کے سمندر ☙

- اگلے صفحے، مرحلہ وار پر تصویر بنائیں، جیسا کہ آپ مثال کے ہر حصہ کی تعلیم دیتے ہیں. یہ تصویر ڈرائنگ پر ہے.

”اسرائیل کے ملک میں دو سمندر واقع ہیں. کیا آپ نے ان کے نام کو جانتے ہو؟“

سُچے پرچارک بناوُنا

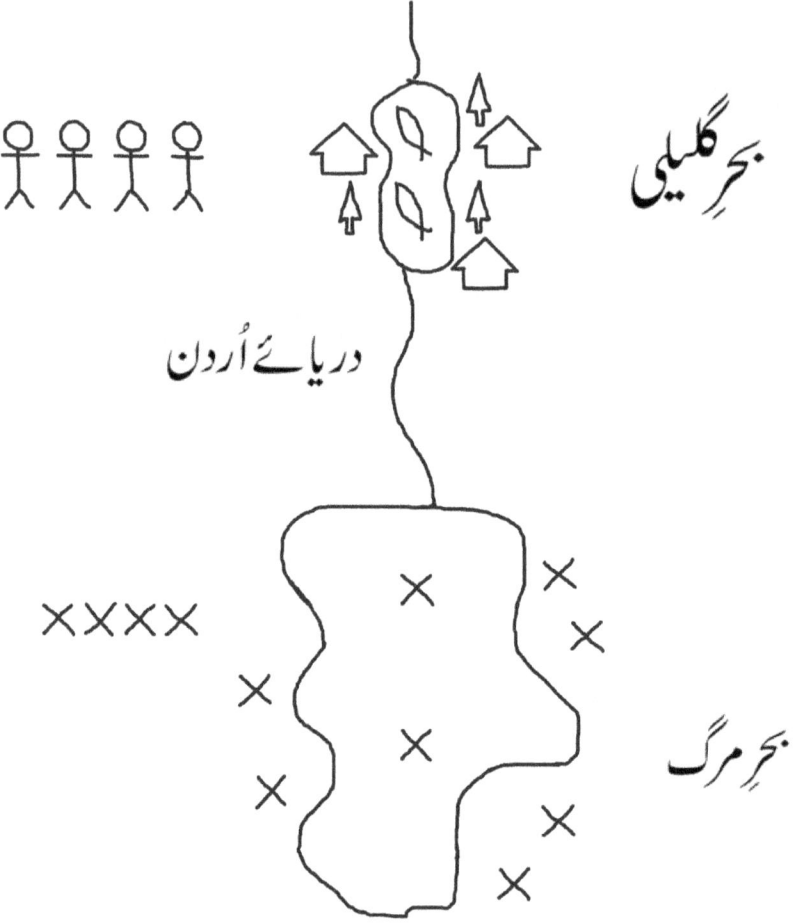

(گلیل کا سمندر اور بحیرہ مردار کے)

- دو حلقوں، سب سے اوپر پر چھوٹے ایک کو بنائیں۔ ایک لائن کے ساتھ ان کا رابطہ قائم کریں۔ ایک سطر کا اضافہ چھوٹے دائرے کے سب سے اوپر سے اپنی طرف متوجہ۔ دو سمندر لیبل۔

"دریا گلیل کا سمندر اور بحیرہ مردار سے جوڑتا ہے۔ کیا آپ نے اس کا نام معلوم ہے؟"

(اردن دریائے)

- دریا کے لیبل لگائیں.

"گلیل اور بحیرہ مردار کے سمندر بہت مختلف ہیں. گلیل کے سمندر بہت سی مچھلی ہے."

- گلیل کے سمندر میں مچھلی بنائیں.

"بحیرہ مردار کی کوئی مچھلی نہیں ہے."

- بحیرہ مردار میں Xs بنائیں.

"گلیل کے سمندر میں اس کے قریب بڑھتے ہوئے بہت سے درخت ہے."

- گلیل کے سمندر کے ارد گرد درختوں کو بنائیں.

"بحیرہ مردار کوئی درخت قریبی ہے."

- بحیرہ مردار کے ارد گرد sX بنائیں.

"گلیل کا سمندر کے کئی گاؤں ہیں."

- گلیل کے سمندر کے ارد گرد گھروں بنائیں.

"بحیرہ مردار کی کوئی گاؤں نہیں ہے."

- بحیرہ مردار کے ارد گرد sX بنائیں.

"چار مشہور لوگوں کو گلیل کے سمندر کی طرف سے رہتے تھے. کیا آپ نے ان کے نام کو جانتے ہو؟"

(پیٹر، اینڈریو، جیمز، اور جان)

- گلیل کے سمندر کے پاس چار چھڑی کے اعداد و شمار بنائیں.

"کوئی مشہور لوگوں کو بحیرہ مردار کی طرف سے رہتے تھے."

- بحیرہ مردار کے پاس چار sX بنائیں.

"کیوں آپ کو لگتا ہے کہ بحیرہ مردار کے 'مردہ' ہے اور گلیل کا سمندر 'رہ' رہا ہے؟"

کیونکہ گلیل کے سمندر میں اندر اور باہر آ رہے ہیں، جبکہ بحیرہ مردار صرف پانی کے اندر بہہ گیا ہے پانی ہے

"یہ ہماری روحانی زندگی کی ایک تصویر ہے. جب ہم ایک نعمت ملتی ہے، ہم ایک ایسی نعمت دینا چاہئے. جب ہم درس و تدریس حاصل ہے، ہم دوسروں کو سکھانا چاہئے. پھر، ہم گلیل کے سمندر کی طرح ہیں. اگر ہم خود کو رکھنے کے لئے، ہم بحیرہ مردار کی طرح ہیں.

"یہ کون سا سمندر جیسے بحیرہ مردار یا گلیل کا سمندر ہونا آسان ہے؟ زیادہ تر لوگوں کو بحیرہ مردار کی طرح ہیں کیونکہ وہ نہیں بلکہ سے زیادہ دے دی جائے گی. تاہم، ان عیسی علیہ السلام جو گلیل کے سمندر کی طرح کم ہیں. یسوع نے دوسروں کو دے دی جو انہوں نے اپنے والد سے حاصل کی تھی. جب ہم ٹرین دوسروں کو دوسروں کو تربیت، ہم یسوع کی مثال کی پیروی کر رہے ہیں.

"آپ کون سا سمندر کی طرح بننا چاہتے ہو؟ میں نے گلیل کے سمندر کی طرح بننا چاہتا ہوں."

یاد داشت آیت

جان 15:8 - یہ میرے والد کی عما، کہ آپ کو زیادہ سے زیادہ پھل برداشت، اپنے آپ کو دکھا اپنے چیلوں کو ہونا ہے.

- ہر کوئی کھڑا ہے اور ہے میموری آیت کا کہنا ہے کہ دس بار ایک ساتھ. پہلے سے چھ گنا، سیکھنے میں ان کے بائبل یا طالب علم کے نوٹوں کا استعمال کرتے ہیں. گزشتہ چار گنا، وہ میموری سے آیت کا کہنا ہے کہ. سیکھنے آیت کا حوالہ کہنے سے پہلے ہر بار وہ آیت قیمت بتا سکتے ہیں، اور جب پنکھ بیٹھ چاہئے.
- ب عد معمول کی مدد کے تربیت کار جانتے ہیں "پریکٹس" کے سیکشن میں کیا ٹیم کے سبق سے فارغ کر دیا ہے.

مشق

- اس کے لئے ان کی نماز کے ساتھی کا سامنا بیٹھ کر سیکھنے والوں سے پوچھو. شراکت دار ایک دوسرے کو سبق سکھا موڑ لیتے ہیں.

"جوڑی میں سب سے کم عمر شخص کو رہنما ہو جائے گا."

- یہ صرف کا مطلب یہ ہے کہ وہ پہلے کی تربیت کرے گا.
- 21 صفحے پر ٹریننگ تربیت عمل کریں.
- پر زور دیتے ہیں کہ آپ ان کے مطالعہ کے سیکشن میں سب کچھ بالکل جس طرح تم نے کیا سکھانا چاہتے ہیں.

"سوال پوچھیں، صحیفوں ساتھ مل کر پڑھیں، اور ایک سوالات اسی طرح ہے کہ میں آپ کے ساتھ کیا تھا.

گلیل / بحیرہ مردار مثال کے سمندر کو اپنی طرف متوجہ کریں اور میموری آیت قیمت بتا سکتے ہیں اسی طرح ہے کہ میں آپ کے ساتھ کیا تھا.

تم میں سے ہر ایک کاغذ کے ایک صاف شیٹ ہر وقت آپ گلیل / بحیرہ مردار مثال کے سمندر اپنی طرف متوجہ استعمال کرنا چاہئے."

- ایک دوسرے کو سبق سکھا کے بعد، سیکھنے شراکت داروں کو سوئچ کرنے کے لئے پوچھ سکتے ہیں اور انہیں دوبارہ لیس بیٹے کی تعلیم موڑ لے. جب ختم، سیکھنے کوئی وہ کے ساتھ تربیت کے بعد اس سبق کو شریک کریں گے کے بارے میں سوچتے ہیں. کیا ان کے سبق کے پہلے صفحے کے سب سے اوپر دیئے گئے اس شخص کا نام لکھو.

آخر

☙ یسوع لئی اک تحفہ

- میں کسی کے ایک پرہسن ساتھ مدد کرنے کے لئے رضاکارانہ سے پوچھو.
- اسٹیشن دوسری طرف کمرے اور اپنی خود کی ایک طرف پر رضاکارانہ ہے.

"میں سب کا تصور ہے کہ ہم (رضاکار اور میں) ایک ہی روحانی پختگی ہے چاہتے ہیں. ہم دونوں:

✋ الحمد
خدا کی تعریف میں ہاتھ اٹھائے.

✋ درخواست

کلاسک نماز میں لاحق ہاتھ رکھو.

✋ بائبل کا مطالعہ

کھجوروں ؤردوگامی رکھو جیسے اگر آپ ایک کتاب پڑھ رہے ہیں.

✋ حضرت عیسی علیہ السلام کے بارے میں دوسروں سے کہو

ہاتھ باہر رکھو کے طور پر اگر آپ کے بیج پھیلا رہے ہیں.

- پر زور دیتے ہیں کہ آپ نے ایک ہی روحانی ہیں سوائے ایک فرق کے لئے،.

"ہم دونوں کے درمیان فرق صرف یہ ہے ہے کہ وہ (یا وہ) لوگوں کو وہ مسیح جیت ہے دوسروں کو تربیت دینے کے لئے تربیت دیتا ہے. میں صرف ان لوگوں میں مسیح کی قیادت کرنا سکھاتے ہیں. میں نے ان کی تربیت نہیں ہے دوسروں کو تربیت دینے کے لئے.

"اب میں آپ کو فرق یہ ہے کہ تربیت کرتا ہے دکھانا چاہتا ہوں."

- سمجھاو کہ ہر سال دونوں آپ اور رضاکار مسیح کے لئے ایک شخص تک پہنچنے کے.
- تم دونوں اور رضاکار سامعین میں جانا، ایک شخص ملے، ان کے اپنے سٹیشن پر واپس لانے، اور انہیں آپ کے ساتھ کھڑے ہیں.

"آپ کو ایک سال کے بعد دیکھ سکتا ہے، کوئی فرق نہیں ہے. میں یہاں ایک شخص ہے، اور انہوں نے وہاں ایک شخص ہے."

- تا، صرف رضاکار شخص اس پر مسیح طرف جاتا ہے سکھاتا ہے. ایک ہی ہاتھ کے التواء کو انجام دیں، اس وقت، ان کے دونوں ہاتھ التواء ساتھ مل کر مشق ہے. تم اپنے آپ کی طرف سے ہاتھ التواء انجام دیتے ہیں.

چلو "دو سال میں کیا ہوتا ہے. دونوں میں اور وہ مسیح کے لئے کسی کو جیت. فرق صرف اتنا ہے کہ وہ اپنے لوگوں کو بھی ایسا ہی کرنے کو تربیت ہے. لہذا اس میں میرا ایک شخص کو حاصل ہے، لیکن دوسرے گروپ میں ان کے دونوں بیٹے فی ملے گا."

- تم دونوں اور رضاکار سامعین میں آپ کے اگلے کے چیلوں کو منتخب کرنے کے لئے جانا. پھر ٹرینر چیلا رحمہ اللہ تعالی تو ایک چیلا ہو جاتا ہے.

"آپ کو دو سال کے بعد دیکھتے ہیں کہ وہاں اب بھی بہت کم ہے مختلف کر سکتے ہیں: میں دو لوگ ہیں، وہ تین ہیں."

- رضاکار اور تین افراد نے اسے / اس پریکٹس سے ہاتھ التواء کے ساتھ، لیکن آپ نے اپنے گروپ میں صرف ایک ہے جو ہاتھ التواء ہیں.
- کئی "سالوں" کے لئے اس عمل کو دہرائیں جب تک تربیت میں عوام کے تمام منتخب کیا گیا ہے. ہر وقت آپ اعمال اکیلے کرتے ہیں اور وہ تعریف، نماز خدا کے لفظ کا مطالعہ کرنا چاہئے اور اچھی خبر اشتراک آپ درمانتریت بتا، لیکن انہیں ایسا کرنے کی تربیت نہیں کرتے.
- کچھ وقت، آپ کے پاس کافی تعداد میں لوگ نہیں کر سکیں گے. اس صورت میں، لوگوں سے کہو کہ اگر وہ کسی دوسرے حاصل نہیں کر سکتے ہیں، دو ہاتھ دکھائے کہ وہ اب دو لوگوں کے لئے بلند

پانچ سال سے سیکھنے کو آپ کی طرف سے سکھایا کے مقابلے میں رضاکار کی طرف سے تربیت یافتہ لوگوں کی تعداد کے ساتھ متاثر کیا جائے گا. بار بار پر زور دیتے ہیں کہ آپ واقعی میں آپ کے چیلوں سے محبت کرتے ہیں اور ان کو مضبوط کرنا چاہتے ہیں، تو آپ ان بہت سی چیزوں کو سکھاتے ہیں، لیکن آپ انہیں تربیت کبھی بھی دوسروں کو تربیت دینے کے لئے.

"جب تم جنت حاصل کرنے کے لئے، آپ کس قسم کی موجودہ آپ کے لئے صلیب پر مرنے کے لئے صفات دینے کے لئے کیا چاہتے ہو؟ بس؟ میں ہے جیسے لوگوں کی ایک مٹھی بھر ہے، یا اس طرح (یا اس) کی ایک بڑی تعداد"

- کمرے کی دوسری طرف پر رضاکارانہ طور پر کرنے کے لئے پوائنٹ.

"خدا نے ہمیں حکم نتیجہ خیز ہو اور گنا ہے. میں یسوع مسیح، تربیت، دوسروں جو دوسروں کو تربیت کی طرح بننا چاہتا ہوں. میں حضرت عیسی علیہ السلام کو بہت سے لوگ جن میں تربیت حاصل کی اور پھر جو تربیت یافتہ دوسروں کا ایک بڑا تحفہ دینے کے لئے چاہتے ہیں. میں نے میرے کی ھجانا اور وقت کی ایک مینیجر بننا چاہتا ہوں، اور میں سالمیت کے ساتھ جینا چاہتے ہیں."

- دوسرے گروپ کے ساتھ اپنے گروپ میں شامل ہونے کے لئے تربیت اور ایک دوسرے تاکہ ہر شخص ایک فاتح ہو سکتا ہے پوچھو.
- پرہسن "یسوع مسیح کے لئے ایک تحفہ ہے" نماز میں سیشن کو بند کرنے سے رضاکارانہ سے پوچھو.

۳

موہ کرو

محبت متعارف ایک شیفرڈ کے طور پر صفات: چرواہوں لیڈ، حفاظت، اور ان بھیڑوں کو کھانا کھلانا. ہم "فیڈ" جب ہم نے ان کو خدا کے کلام سے سکھاتے ہیں، مگر پہلی چیز جو ہم خدا کے بارے میں لوگوں کو سکھاتے ہیں کیا ہونا چاہئے؟ سیکھنے سب سے زیادہ اہم کا جائزہ، شناخت جو محبت کا ذریعہ ہے، اور کس طرح سب سے زیادہ اہم حکم کی بنیاد پر کی عبادت میں دریافت.

تعریف (پورے دل سے خدا سے محبت)، اور نماز کو (تمام روح کے ساتھ خدا سے محبت کر کے)، بائبل کے مطالعہ (تمام ذہن کے ساتھ محبت خدا)، اور مہارت مشق تو (: سیکھنے چار اہم عناصر کے ساتھ ایک سادہ چیلا گروپ کی قیادت پریکٹس ہم ہمارے تمام طاقت کے ساتھ خدا سے محبت کر سکتے ہیں). ایک حتمی پرہسن، "بھیڑ اور ٹائیگرس،" بہت سے مومنوں کے درمیان چیلا گروپوں کے لئے ضرورت کا ثبوت ہے.

حمد

- منڈلی دے ہر بندے لئی خداوند دی برکت سے سیدھاں منگو۔
- منڈلی وچوں کسے اِک دا ناؤں کجھ کورس یا حمداں گاؤن لئی دسو

نماز

- وہ ایک پارٹنر کے ساتھ نہیں ہے اس سے پہلے کسی کے ساتھ جوڑے میں سیکھنے کا انتظام.
- ان کے ساتھی کے ساتھ ہر سیکھنے کے حصص میں درج ذیل سوالات کے جواب:

1. ہم نے کھو دیا ہے لوگوں نے تمہیں بچایا جائے جانتے ہیں کے لئے کس طرح نماز ادا کر سکتے ہیں؟
2. ہم آپ گروپ کی تربیت کر رہے ہیں کے لئے کس طرح نماز ادا کر سکتے ہیں؟

- اگر ایک پارٹنر کی تربیت کی کسی کو بھی شروع نہیں کیا ہے، ان کے اثر و رسوخ کے دائرے میں لوگ جو وہ کرنے کے لئے تربیت شروع کر سکتے ہیں کے لئے دعا کریں.
- شراکت دا ساتھ مل کر دعا کریں.

پڑھائی

جائزہ

جائزے مگروں ٹرینر یاں اپرنٹس سِکھلائی لین والیاں نوں جاری سبق بارے دسدا تے زور دیندا اے کہ اوہ گوہ نال سُنن کیونجے اگے جا کے اوہ آپے وی دوجیاں نوں سکھاؤن گے۔

آٹھ تصاویر اس کی مدد ہم سے عیسی علیہ السلام پر عمل کیا ہو؟

سپاہی، چاہونڑ ہار، ایالی، کاشت کار،پتر، صوفی ، خدمت گار، مختیار

ودھاؤ

تین باتیں ایک مینیجر کرتا ہے کیا ہیں؟
آدمی کو خدا کی پہلی کمانڈ کیا تھا؟
یسوع مسیح کے آخری آدمی کو کمانڈ کیا تھا؟
میں کس طرح نتیجہ خیز اور گنا ہو سکتا ہے؟
اسرائیل میں واقع دو سمندر ہیں؟
وہ کیوں ہیں اتنا مختلف ہے؟
آپ کون سا کی طرح بننا چاہتے ہیں؟

یسوع کس طرح دے سن ؟

نشان زد 6:34 - جب یسوع کنارے پر چلے گئے، انہوں نے ایک بڑی بھیڑ کو دیکھا، اور وہ ان کے لئے ترس محسوس کیا کیونکہ وہ ایک چرواہا بغیر بھیڑوں کی طرح تھے، اور اس نے ان بہت سی چیزوں کو سکھانا شروع کر دیا.

"یسوع اچھا چرواہا ہے. وہ عظیم -کثیر سے محبت، ان کے مسائل کو دیکھا، اور انہیں خدا کے طریقے سکھانے کے لئے شروع کر دیا. وہ ہم میں رہتے ہیں اور ہماری زندگی کے ذریعے ہی کرتا ہے."

شیفرڈ

کے جسم کی طرف ہاتھ میں منتقل کے طور پر اگر آپ لوگوں کو جمع ہو رہے ہیں.

اپالی کیہڑے تین کم کردا ہے ؟

- زبور 6 23:1 - خداوند میرا چرواہا ہے، میں نہیں چاہتا ہوں گے. انہوں نے مجھے سبز چراگاہوں میں لیٹ ہے، اس نے مجھے خاموش پانی کے ساتھ دیئے گئے طرف جاتا ہے. وہ میری روح بحال، انہوں نے اس کے نام کی خاطر کے لئے نیک راستے میں مجھے ہدایت کی جا رہی ہے. اگرچہ میں موت کے سائے کی وادی کے ذریعے چلنا ہے، میں کوئی برائی نہیں ڈر ہے، تم میرے ساتھ ہو، آپ کی چھڑی اور آپ کے عملے، انہوں نے مجھے آرام. میرے دشمن کی موجودگی میں تم نے مجھ سے پہلے ایک ٹیبل تیار، آپ ابھیشیک کے تیل سے میرے سر ہے، اپنے کپ کے. ضرور خیر اور محبت احسان نے مجھے میری زندگی کے تمام دنوں پر عمل کریں، اور میں خداوند کے گھر میں رہنے ہمیشہ کے لئے جائے گا.

1. چرواہوں نے صحیح راستہ پر ان کی بھیڑ کی قیادت.
2. چرواہوں ان بھیڑوں کی حفاظت.
3. چرواہوں ان کی بھیڑ کو کھانا کھلانا.

"حضرت عیسی علیہ السلام ایک کی چرواہی ہے، اور جیسا کہ ہم اس کی پیروی کرتے ہیں، ہم چرواہوں ہو بھی جائے گا. ہم یسوع کے لوگوں کی قیادت کے شر سے لوگوں حفاظت، اور خدا کے کلام سے ان کو کھانا کھلا جائے گا."

ہوراں نوں سکھلان دا سب توں وڈا حکم کیہڑا اے؟

" نشان زد 31 12:28 - قانون کے اساتذہ میں سے ایک آیا اور ان پر بحث سنا. دیکھ رہی ہوں کہ صفات نے ان کو ایک اچھا جواب دیا تھا، انہوں نے اس سے پوچھا، "؟ تمام احکام، جس میں سب سے زیادہ اہم ہے" "سب سے زیادہ اہم ایک،" یسوع نے جواب دیا، "یہ ہے: '، سن اسرائیل، ہمارے رب خدا، رب ایک

ہے... رب اپنے خدا سے اپنے سارے دل کے ساتھ اور تمہاری روح کے ساتھ اور آپ کے دماغ کے ساتھ اور اپنی ساری طاقت کے ساتھ 'دوسری یہ ہے:' سے محبت کرتے ہیں، خود کے طور پر اپنے پڑوسی سے محبت کرتے 'ان کے مقابلے میں زیادہ حکم ہے"۔

خداوند نال موہ

✋ ہاتھ خدا کی طرف اوپر کی طرف رکھو۔

لوکاں نال موہ

✋ دوسروں کی طرف ہاتھ باہر رکھو۔

موہ کتھوں پیدا ہوندا اے ؟

1 - جان 4:7، 8 - عزیز دوستو، ہم ایک دوسرے سے پیار کرتی ہوں، کیونکہ محبت خدا کی طرف سے ہے، اور ہر شخص سے محبت کرتا ہے وہ خدا سے پیدا کیا گیا ہے اور خدا جانتا ہے. جو شخص محبت نہیں کرتا خدا کو پتہ نہیں ہے، کیونکہ خدا محبت ہے۔

موہ خداوند ولوں اوندا اے

"لہذا ... ہم خدا سے محبت حاصل کرتے ہیں، اور ہم پیار کرتے ہیں اسے واپس دے۔"

✋ ہاتھ اوپر کی طرف رکھو اگر تم محبت وصول کر رہے ہیں اور پھر محبت خدا کو واپس دے۔

"ہم خدا سے محبت ملتی ہے، اور ہم نے اسے دوسرے لوگوں دینے کے لئے."

- ہاتھ اوپر کی طرف کے طور پر رکھو اگر تم سے محبت وصول کر رہے ہیں، تو ہاتھ باہر پھیلانے کے طور پر اگر آپ اسے دوسروں کو دے رہے ہیں.

سادہ عبادت کی اے ؟

- الحمد لله
  خدا کی تعریف میں ہاتھ اٹھاو.

- نماز
  کلاسک "نماز ہاتھ" لاحق میں ہاتھ ڈال دیا.

- مطالعہ
  ہاتھ کھجوروں ؤردوگامی رکھو جیسے اگر آپ ایک کتاب پڑھ رہے ہیں.

- پریکٹس
  ہاتھ آگے پیچھے ہٹو، کے طور پر اگر آپ کے بیج ڈال رہے ہیں.

اسیں سادہ عبادت کیوں پے کرنے آن ؟

نشان زد 12:30 - رب اپنے خدا سے اپنے سارے دل کے ساتھ، اور آپ کی روح کے ساتھ، اور آپ سب دماغ کے ساتھ، اور اپنی ساری طاقت کے ساتھ محبت.

موہ کرو

اسیں	تے اسیں	ہتھ دیاں حرکتاں
پورے دلوں خدا نال موہ کرنے آں	حمد	اپنے دل تے ہتھ رکھو تے فیر خدا دی حمد لئی ہتھ چکو
پوری روحوں خدا نال موہ کرنے آں	دعا	اپنے ہتھاں نوں پاسیاں ول بند کرو فیر دعا لئی چکو
پورے دماغ نال خدا نال موہ کرنے آں	پڑھائی	اپنے سر دے سجے پاسے ہتھ نوں انج رکھو جیویں تسیں ,کج سوچ رہے ہو وتے فیر ہتھاں نوں انج نوں اتے کرو جیویں تسیں کوئی کتاب پڑھ رہے ہوو
پوری طاقت نال خدا نال موہ کرنے آں	جیہڑا کج سکھنے آں ہوراں نوں وی سکھلانے آں(مشق)	اپنی باہواں نوں انج حرکت دیوو جیوں تسیں بیجاں نوں کھنڈا رہے ہوو

- سیکھنے کے ساتھ سادہ عبادات کی ترتیب کا جائزہ لیں. سادہ عبادات میں سے ہر ایک حصہ ہمیں عیسی علیہ السلام کے سب سے زیادہ حکم، 12:30 بطور "خوانده" نشان زد میں پایا اطاعت کرنے کی تربیت دیتا ہے.
- یہ سبق سادہ عبادت کے مقصد کی وضاحت کرتا ہے. سیکھنے کئی بار کے ساتھ ہاتھ کے التواء کی مشق.

"ہم سب کے ساتھ ہمارے دل کی خدا سے محبت کرتا ہوں، تو ہم اس کی تعریف, ہم ہماری روح کی سب کے ساتھ خدا سے محبت کرتے ہیں، تو ہم نے نماز، ہم سب کے ساتھ ہمارے ذہن خدا سے محبت کرتے، تو ہم نے مطالعہ، ہم سب کے ساتھ ہماری طاقت خدا سے محبت کرتا ہوں، تو ہم مشق کرتے ہیں."

ساده عبادت لئی کنے لوکاں دا ہونا ضروری اے ؟

- میتھیو 18:20 - جہاں دو یا تین میرے نام کے میں کے آنےکے لیے، وہاں میں ان کے ساتھ ہوں.

"حضرت عیسی علیہ السلام سے وعدہ کیا تھا کہ وہ جہاں دو یا تین مومنوں کے لئے ہیں، وہاں ان کے ساتھ ہے."

یاد داشت آیت

- جان 13:34، 35 - تو اب میں آپ کو ایک نیا حکم دے رہا ہوں: ایک دوسرے سے محبت. جیسا کہ میں نے تم سے پیار کیا ہے، تم ایک دوسرے کو پیار کرنا چاہئے. ایک دوسرے کے لئے آپ کی محبت دنیا کو یہ ثابت ہے کہ آپ میری ہیں.

- ہر کوئی کھڑا ہے اور ہے میموری آیت کا کہنا ہے کہ دس بار ایک ساتھ. پہلے سے چھ گنا، سیکھنے میں ان کے بائبل یا طالب علم کے نوٹوں کا استعمال کرتے ہیں. گزشتہ چار

گنا، وہ میموری سے آیت کا کہنا ہے کہ. سیکھنے سے پہلے ہر بار وہ آیت کی قیمت بتاؤں اور جب فارغ بیٹھ اللہ تعالی کےمندرجہ ذیل کا حوالہ کہنا چاہئے.

- یہ میں مدد ملے گی پرشکشکوں کو جانتے ہیں جنہوں نے "پریکٹس" کے سیکشن میں لیس بیٹے ختم ہو گیا ہے.

مشق

- اس کے لئے ان کی نماز کے ساتھی کا سامنا بیٹھ کر سیکھنے والوں سے پوچھو. شراکت دار ایک دوسرے کو سبق سکھا موڑ لیتے ہیں.

"جوڑی میں سب سے قدیم انسان کا رہنما ہو جائے گا."

- 21 صفحے پر ٹریننگ تربیت عمل کریں.
- پر زور دیتے ہیں کہ تم کس طرح ان کو "مطالعہ" کے سیکشن میں سب کچھ بالکل جس طرح تم نے کیا سکھانا چاہتےہیں.

"سوال پوچھیں، صحیفوں ساتھ مل کر پڑھیں، اور ایک سوالات اسی طرح ہے کہ میں آپ کے ساتھ کیا تھا."

- ہے کے بعد ایک دوسرے سے سیکھنے کی تربیت کی مشق ہے، انہیں دوبارہ ایک دوسرے کے ساتھی اور پریکٹس تلاش. کوئی ہے کہ انہوں نے تربیت کے باہر اس سبق کو شریک کریں گے کے بارے میں سوچنے کے لئے روں کے سیکھنے سے پوچھو.

"کوئی آپ اس تربیت کے باہر سے یہ سبق سکھا سکتے ہیں کے بارے میں سوچنے کے لئے چند لمحات لے لو. اس سبق کے پہلے صفحے کے سب سے اوپر ہے کہ فی بیٹے کا نام لکھیں."

اخیر

سادہ عبادات

- کے چار گروپوں میں سیکھنے تقسیم. چار، ایک منٹ میں سے ہر ایک گروہ کو ان کے گروپ کے لئے ایک نام کے ساتھ آنے دیں.
- کمرے میں چاروں طرف جاؤ اور گروپ کا نام انہوں نے منتخب کیا ہے یہ بتانے کے لیے کہیں.
- سیکھنے کے ساتھ سادہ عبادات میں اقدامات کا جائزہ لیں، ان سے کہہ وہ ایک دوسرے کے ساتھ سادہ عبادات پر عمل کرنے جا رہے ہیں.
- سادہ عبادات گروپ میں ہر شخص عبادت کے وقت میں ایک مختلف حصہ کی قیادت کرنا چاہئے. مثال کے طور پر، ایک فی بیٹے کی تعریف وقت طرف جاتا ہے، ایک اور نماز کے وقت ایک اور مطالعہ کے وقت، اور ایک اور پریکٹس کا وقت ہے.
- گروپوں سے کہو عبادت وقت آہستہ قیادت کے طور پر وہاں دوسرے گروپوں قریبی ہو گا. سیکھنے کو نہیں "تبلیغ" لیکن بائبل کی کہانی "بتا" کرنے کے لئے یاد دلاتی ہوں. مطالعہ کے رہنما ان کے گروپ کو خدا کی محبت کے بارے میں ایک کہانی بتانے سے پوچھو. اڑاؤ بیٹے کی کہانی تجویز ہے، کے سیکھنے اگر فیصلہ نہیں جو بائبل کی کہانی اشتراک کرنے کے لئے کر سکتے ہیں. مطالعہ کے رہنما تین مطالعہ کے سوالات تو پوچھیں گے:

1. کیا اس کہانی کو خدا کے بارے میں ہمیں پتہ چلتا ہے؟
2. کیا یہ کہانی لوگوں کے بارے میں ہمیں پتہ چلتا ہے؟
3. اس کہانی کی مدد کس طرح مجھ سے حضرت عیسی علیہ السلام کی پیروی کریں گے؟

- پریکٹس رہنما بائبل کی کہانی ہے کہ نے مطالعہ رہنما کو بتایا کہ اور مطالعہ کے رہنما سے پوچھا وہی سوالات پوچھتے ہیں، اور گروپ ہر سوال ایک بار پھر بحث ہے.

پرچارکاں دی منڈلی شروع کرنا کیوں ضروری اے ؟

بھیڈاں تے چیتے

- سمجھاو کہ کمرے میں ایک بکری کا کھیت ہے. پوچھنا ایک بھیڑوں کے لئے ایک گارڈ (چرواہا) کے لئے رضاکارانہ طور پر. تین باگھوں ہو پوچھو. اور ہر کوئی ایک بکری ہے.

"کھیل کا مقصد یہ ہے کہ شیر کے لئے کئی بھیڑ کے طور پر وہ ایسا کر سکتے تکلیف ہے. اگر گارڈ نے ایک شیر کو چھوتا ہے، تو شیر نیچے ہے اور ضروری ہے اگر ایک شیر ایک بکری کو چھوتا ہے 'مردہ.'، تو بھیڑ نیچے اور 'چوٹ لگی ہے.' کیا جانا چاہئے گارڈ اگر دو شیر نے اسے / اس کو چھو جائے چوٹ پہنچا سکتا ہے ایک ہی وقت میں. ایک بار کسی بھی شریک 'چوٹ لگی' ہے یا 'مردہ'، وہ / وہ کھیل سے باہر ہے جب تک کھیل ختم ہو گیا ہے."

- گروپ کتابیں، پنسل، اور دیگر اشیاء خطرناک منزل سے شروع کرنے سے پہلے کہ وہ ہٹا سے پوچھو.

"تم میں سے بعض کو کھیل کے دوران چللانا اور یہ کہ ٹھیک ہے ہو سکتا ہے"

- تین سے گنو اور کہتے ہیں کہ "جاؤ!" چلو کھیل جاری رہے جب تک تمام شیر مر چکے ہیں یا تمام بھیڑوں کو چوٹ لگی ہیں. زیادہ تر نہیں، اگر بھیڑ کا سب دکھ جائے گا. گارڈ بھی دکھی کر سکتے ہیں.

- گروپ سے کہو کہ آپ دوبارہ کھیل کھیلنے جا رہے ہیں. اس وقت، تاہم پانچ اضافی گارڈز کا انتخاب کریں اور اسی تین شیروں کو پہلے کی طرح رکھنا. اور ہر کوئی ایک بکری ہے. بھیڑ کی حفاظت کے لئے چھوٹے گروپوں میں ایک گارڈ کو قریبی کرنے کے لئے حوصلہ افزائی کرنا تین سے گنو اور کہتے ہیں کہ "جاؤ!"
- دو کھیل جاری رہے جب تک تمام شیر مر چکے ہیں یا تمام بھیڑوں کو چوٹ لگی ہیں. شیروں کی سب بلکہ جلد مر جانا چاہیئے. چند ایک بھیڑ کو چوٹ پہنچائی جا سکتی ہے.

"یہ کیوں ہم نے کئی نئے گروپ اور گرجا گھروں کی ضرورت ہے ایک تصویر ہے. پہلی کھیل ایک پادری جو اپنی ساری چرچ کی حفاظت کرنے کی کوشش کرتا ہے اور اس سے بڑا اور بڑے بڑے ہونے کی چاہتا ہے کی طرح ہے. یہ آسان ہے کے لیے شیطان اور بہت سے ارکان کی چوٹ کرنے کے لئے آئے. دوسرے کھیل میں، کئی روحانی رہنماؤں کو ان کے چھوٹے گروپوں کی حفاظت کرنے کے قابل تھے. اس کی وجہ سے شیطان اور ان کے کے راکشسوں (شیر) بھیڑ کو آسانی کے طور پر تکلیف کے قابل نہیں تھے.

"یسوع اچھا چرواہا ہے. انہوں نے بھیڑ کے لیے ان کی زندگی دے دی ہے. ہم، روح میں چرواہوں کے طور پر، ہمارے ہمارا وقت، ہماری نماز، ہماری توجہ مرکوز کرنے کے لئے ان لوگوں کو جو ہماری بھیڑ ہیں، وہ لوگ جو ہم سے تلاش کر حضرت عیسی علیہ السلام کے بارے میں جاننے کے لئے کر رہے ہیں. دینے کے لئے تیار ہونا چاہئے ہم وہاں بہت سے لوگوں کے لئے صرف ایک وقت میں ہو، ٹھیک کر سکتے ہیں؟ صرف یسوع میں ہر طرف موجود ہے. یہ ایک اور وجہ ہے کہ ہم دوسروں کو سکھاتے ہیں دوسروں کو سکھانے کے لئے، تاکہ وہاں زیادہ ہیں ایک دوسرے بوجھ کو برداشت کرنا چاہئے اور مسیح کے قانون کو پورا کیا ہے."

٤

دعامنگو

حضور ایک کے طور پر یسوع کے سیکھنے متعارف کرایا نماز. وہ ایک مقدس زندگی رہتا ہے اور ہمارے لئے صلیب پر مر گیا. خدا نے ہمیں حکم دیا ہے سنتوں کے طور پر ہم نے عیسی علیہ السلام کی پیروی کرنے کے لئے ہو. A سنت عبادت خدا، ایک مقدس زندگی، اور دوسروں کے لئے نماز رہتا ہے. نماز میں حضرت عیسی علیہ السلام کی مثال کے بعد، ہم خدا کی تعریف، ہمارے گناہوں کی توبہ، چیزوں کی ہمیں ضرورت کے لئے خدا سے دعا گو، اور جو اس نے ہمیں ایسا کرنے کی پوچھتا برآمد.

خدا نے ہماری درخواست کو چار طریقوں میں سے ایک میں جواب: نہیں (اگر غلط مقاصد کے ساتھ ہم سے دعا گو ہیں)، سست (اگر وقت ٹھیک نہیں ہے)، بڑھنے (اگر ہم مزید پختگی سے پہلے انہوں نے جواب دیتا تیار کرنے کی ضرورت ہے)، جاؤ یا (جب ہم ان کے کلام اور مرضی کے مطابق دعا). سیکھنے خدا کے فون نمبر، 3-3-3، ییرمیاہ 33:3 پر مبنی حفظ کر رہے ہیں اور ہر روز خدا "کہتے ہیں" حوصلہ افزائی ہے.

حمد

- منڈلی دے ہر بندے لئی خداوند دی برکت سے سیدھاں منگو۔
- منڈلی وچوں کسے اِک دا ناؤں کجھ کورس یا حمداں گاؤن لئی دسو

نماز

- وہ ایک پارٹنر کے ساتھ نہیں ہے اس سے پہلے کسی کے ساتھ جوڑے میں سیکھنے کا انتظام.
- ان کے ساتھی کے ساتھ ہر سیکھنے کے حصص میں درج ذیل سوالات کے جواب:

1. ہم نے کھو دیا ہے لوگوں نے تمہیں بچایا جائے جانتے ہیں کے لئے کس طرح نماز ادا کر سکتے ہیں؟
2. ہم آپ گروپ کی تربیت کر رہے ہیں کے لئے کس طرح نماز ادا کر سکتے ہیں؟

- اگر ایک پارٹنر کی تربیت کی کسی کو بھی شروع نہیں کیا ہے، ان کے اثر و رسوخ کے دائرے میں ہو لوگ وہ تربیت شروع کر سکتے ہیں کے لئے دعا کریں.
- شراکت دار ساتھ مل کر دعا کریں.

پڑھائی

ٹیلیفونکھیڈ ☙

"کیا تم نے کبھی ٹیلی فون کھیل کیا کردار ادا کیا؟"

- سمجھاو کہ آپ کو آپ کے سوا شخص چند الفاظ بتائے گا، اور پھر وہ اگلے شخص بتا دے گا. ان کے پڑوسی ہے جو

انہوں نے سنا ہے جب تک اس سرکل کے ارد گرد جاتا ہے کرنے کے لئے ہر بیٹا فی وسوسے.

- آخری انسان جملہ انہوں نے سنا اعادہ کروں گا. آپ نے جملہ آپ پہلے نے کہا کہ کہتے ہیں، اور سب کا آپس میں موازنہ کس طرح اسی طرح کے جملے ہیں. ایک جملہ ہے کہ ایک چھوٹی سی پگلی ہے اور اس کے کئی حصے ہیں میں سے انتخاب کریں. دو مرتبہ کھیل کھیلیں.

"ہم اکثر خدا کے بارے میں بہت سی باتیں سننے، لیکن ہم اس کے لئے ہمیشہ نہیں براہ راست بات. ہمارے کھیل میں، اگر تم نے مجھ سے پوچھا جو میں نے کہا تھا، یہ سمجھنے کی مشکل نہیں ہوتا. جب آپ نے جملہ سنا کے بعد کئی لوگوں کے ذریعے گئے تھے، تاہم، یہ آسان تھا غلطیوں بنانے کے لئے. نماز سے ہماری روحانی زندگی میں بہت اہم ہے کیونکہ یہ براہ راست خدا سے باتیں کر رہی ہے."

جائزہ

جائزے مگروں ٹرینر یاں اپرنٹس سِکھلائی لین والیاں نوں جاری سبق بارے دسدا تے زور دیندا اے کہ اوہ گوہ نال سُنن کیونجے اگے جا کے اوہ آپے وی دوجیاں نوں سکھاؤن گے۔

آٹھ تصاویر اس کی مدد ہم سے عیسی علیہ السلام پر عمل کیا ہو؟

سپاہی، چاہونڑ ہار، ایالی، کاشت کار،پتر، صوفی ، خدمت گار، مختیار

ودھاؤ

تین باتیں ایک مینیجر کرتا ہے کیا ہیں؟
آدمی کو خدا کی پہلی کمانڈ کیا تھا؟
یسوع مسیح کے آخری آدمی کو کمانڈ کیا تھا؟
میں کس طرح نتیجہ خیز اور گنا ہو سکتا ہے؟
اسرائیل میں واقع دو سمندر ہیں؟
وہ کیوں ہیں اتنا مختلف ہے؟
آپ کون سا کی طرح بننا چاہتے ہیں؟

سُچے پرچارک بناؤنا

موہ کرو

تین باتیں ایک چرواہا کرتا ہے کیا ہیں؟
دوسروں کو سکھانے کے لئے سب سے اہم کمانڈ کیا ہے؟
محبت کہاں سے آتا ہے؟
سادہ عبادت کیا ہے؟
ہم سادہ عبادت کیوں ہے؟
یہ سادہ عبادت کرنے میں کتنے لوگوں کو لگتا ہے؟

یسوع کس طرح دے سن ؟

- لوقا 33 :4 35 - کنیسہ میں ایک دانو، ایک بری روح کی طرف سے ایک آدمی کے پاس تھا. انہوں نے اس کی آواز کے سب سے اوپر دیئے گئے دوہائی دی، "ہا! کیا آپ کو ہمارے ساتھ کیا کرنا چاہتے ہو، ناسرت کا حضرت عیسی علیہ السلام؟ کیا تم نے ہمیں تباہ کرنے کے لئے آئے ہو؟ میں جانتا ہوں جو تم نے خدا کے حضور ایک "ہیں!" چپ رہو! "یسوع نے سختی نے کہا. "اس کے باہر آ جاؤ!" پھر دانو آدمی پھینک دیا ان سے پہلے اور اس کے زخمی کئے بغیر باہر نکل آئے.

"یسوع نے خدا کے حضور ایک ہے. وہ ایک کی ہم پوجا کرتے ہیں. انہوں نے یہ بھی خدا کا تخت اس سے پہلے کہ ہمارے لئے سفارش. انہوں نے ہمیں دوسروں کی جانب سے سفارش کرنے کے لئے اور اس سے منسلک ایک مقدس زندگی جینا کہلاتی ہے. حضرت عیسی علیہ السلام حضور ایک ہے. ہم سنتوں کو ہونے کے لئے کہا جاتا ہے."

صوفی

✋ کلاسک "نماز کے ہاتھوں میں ہاتھ ڈالو لاحق

اک صوفی کیہڑے تین کم کردہ ہے ؟

- میتھیو 12 :21 16 - حضرت عیسی علیہ السلام نے مندر کے علاقے میں داخل اور باہر تمام ہے جو خریدنے اور وہاں فروخت کر رہے تھے نکال دیا. انہوں نے پیسے کی میزیں اور ان کی فروخت کے بنچوں کو الٹ پلٹ. "یہ لکھا ہے،" انہوں نے ان سے کہا، "میرے گھر میں نماز کے ایک گھر بلایا جائے گا، لیکن تم نے اسے ایک کر رہے ہیں 'ڈاکوں کی مانند." نابینا اور لنگڑے مندر میں اس کے پاس آئے، اور اس نے ا نہیں چنگا. لیکن جب مہایاجکوں اور قانون کے اساتذہ عجیب باتیں اس نے کیا دیکھا اور بچوں کو مندر کے علاقے میں چللا، "داؤد کے بیٹے کو ،" وہ روج تھے. "کیا تمہیں سنتے ہیں جو ان بچوں سے کہہ رہے ہیں؟" انہوں نے اس سے پوچھا. "جی ہاں،" یسوع نے جواب دیا، "کیا تم نے پڑھا، کبھی نہیں" آپ کی تعریف کا حکم دیا ہے بچوں اور بچوں کے ہونٹوں سے '؟"

1. رکن خدا کی عبادت کرتے ہیں.

"ہم خدا کے طور پر بچوں کو مندر میں نے تعریف کر رہے ہیں."

2. کے سنتوں ایک مقدس زندگی جینا ہے.

"حضرت عیسی علیہ السلام اپنے والد کے گھر ہو لالچ کی طرف سے پیویل کا اس کی اجازت نہیں تھی."

3. سنتوں دوسروں کے لئے دعا کریں.

"یسوع نے کہا کہ خدا کے گھر میں نماز کے ایک گھر ہے."

"حضرت عیسی علیہ السلام حضور ایک ہی ہے اور ہم میں رہتا ہے. جیسا کہ ہم اس کی پیروی کرتے ہیں، ہم ان کی سنتوں کے طور پر پاکیزگی میں اضافہ ہو گا. ہم عبادت، ایک مقدس زندگی رہتے ہیں، اور صرف حضرت عیسی علیہ السلام نے کیا تھا کی طرح دوسروں کے لئے درخواست کرے گا."

سانوں کس طرح دعا منگنی چاہیدی اے ؟

- لوقا 10:21 - انہوں نے کہا کہ بہت وقت روح القدس میں بہت لطف ہے، اور کہا، "میں آپ کی تعریف، O والد، آسمان اور زمین کے رب نے تم سے ان چیزوں کو مخفی ہے عقل مند اور سمجھدار اور ہے بچوں کے لئے ان انکشاف کیا ہے. جی ہاں، والد، اس طرح کے لیے بھی آپ کی نظر میں باتا رہا تھا.

حمد

انہوں نے کہا کہ حضرت عیسی علیہ السلام نماز میں خدا سے آئے تھے، خوشی اور دے کہ خدا نے دنیا میں کیا کر رہا ہے کے لئے شکریہ."

حمد

عبادت میں ہاتھ اٹھایا.

- لوقا 18:10 14 - دو مردوں کو دعا کے مندر میں گئے تھے. ایک ایک ہے اور دوسرے کو ٹیکس کلکٹر تھا. خود ختم کھڑے ہوکر دعا کی، خدا، میں آپ کا شکریہ کہ میں لالچی، بے ایمان، اور دوسرے لوگوں کی طرح شادی میں بیوفا نہیں ہوں اور مجھے واقعی خوشی ہے کہ میں وہاں سے زیادہ ہے کہ ٹیکس کلکٹر کو پسند

نہیں کر رہا ہوں. میں بغیر جانے دونوں ایک ہفتے کے
دن کے لئے کھا، اور میں تم سب میں کمانے میں سے
ایک دسواں حصدیتے ہیں. " ٹیکس کلکٹر ایک فاصلے
پر کھڑا ہوا اور اس نے نہیں لگتا ہے کہ وہ کافی اچھا
بھی آسمان کی طرف نظر تھا. وہ اس نے کیا کیا تھا
کے لئے بہت افسوس ہے کہ وہ ان کے سینے میں کافی
جانیں ضائع کیا اور دعا کی، "خدا مجھ پ افسوس کی
بات ہے! میں ایسے گنہگار ہوں." تب صفات نے کہا،
"جب دو آدمیوں کو گھر چلا گیا، یہ ٹیکس کلکٹر اور
نہیں جو خدا کو باتا کیا گیا تھا اگر آپ خود کو دوسروں
سے زیادہ ڈال دیا، تم نیچے جائے گا لیکن اگر آپ
شائستہ اپنے آپ کو، آپ کو قدر کی جائے گی. ہے."

توبہ

"اس کہانی میں، حضرت عیسی علیہ السلام دو مرد جو نماز
ادا کر رہے تھے برعکس ہے. جب دعا کی، وہ فخر تھا اور
اپنے آپ کو 'پاپیوں' کے اوپر سمجھا جاتا ہے. جب ٹیکس
کلکٹر دعا کی، اس نے خدا کے سامنے اپنے آپ کو دین
اور اس کے گناہ کی حالت کا اعتراف کیا. یسوع نے کہا کہ
ٹیکس کلکٹر ایک ہے جو نماز میں خدا سے راضی تھا.

"توبہ ہمارے گناہ تسلیم کرنے اور اسے دوبارہ کرنے سے
دور طرف رجوع کا مطلب ہے. وہ لوگ جو توبہ سے معاف
کر رہے ہیں اور خدا کریں."

توبہ

- کھجوروں جاوک چہرہ تبرکشن کر رہے ہیں،
سر دور کر دیا.

- لیوک 11:9 - تو میں آپ کو کہتے ہیں،
پوچھتے رہتے، اور یہ آپ کو دیا جائے گا.

تلاش رکھو، اور آپ کو مل جائے گا. دستک،
اور آپ کو دروازے کھولے جائیں گے رہو.

پچھو

"تعریف اور دوبارہ کے ساتھ خدا کی موجودگی میں داخل کرنے کے بعد، ہم نے ہمیں ضرورت کے لئے خدا کے لئے کہنے کے لئے تیار ہیں. بہت سے لوگوں سے پوچھ کی طرف سے ان کی نماز کو شروع کرتے ہیں، لیکن اس اشج ہے. رب نماز نے ہمیں ہدایات اور والد (متی 6:9) کی تعریف کر کے ساتھ شروع کرنے کے لئے پھر سے پوچھو."

پوچھو
ہاتھ کو وصول کرنے کے.

- لوقا 22:42 - والد صاحب، اگر آپ چاہتے ہیں، اس کپ مجھے باوجود -سے دور لے، میری مرضی نہیں، لیکن تمہارا کیا جائے.

بر آمد

یسوع نے کراس کرنے کے لئے چلتے پھرتے کے بارے میں کے گارڈن میں. پھر بھی، انہوں نے کہا کہ 'بہر حال، مرضی میری نہیں، لیکن تمہارا کیا جائے' ہمیں ضرورت کے لئے خدا سے پوچھ کے بعد، ہم اس کی بات سنتے اور چیزیں وہ ہم سے پوچھتے ہیں کے لئے برآمد ہوں."

اپج - خدا ہم سے پوچھتے ہیں
ہاتھ نماز میں سامنے سر پر باندھے اور ہائی رکھا احترام کا پرتیک ہے.

رل مل کے دعا منگو

- ایک وقت میں نماز کے چار حصے ہیں، ایک سیکشن کا استعمال کرتے ہوئے نماز کے وقت میں گروپ کی قیادت.
- گروپ میں ہر کوئی بلند اواز میں 'الحمد للہ' اور قسموں کے 'سے پوچھو' کے دوران نماز ادا کرتی. 'توبہ' اور 'پیداوار' حصوں کے دوران خاموشی سے دعا کرتے ہیں.

"تمہیں پتہ ہے کہ جب اس کے حصے کے لیے وقت ہے جب میں کہتا ہوں 'اور خدا کی کے لوگوں کا کہنا ہے کہ ... آمین.' گا"

- سیکھنے ہاتھ التواء کے طور پر وہ انہیں یاد ہے نماز کا جو حصہ وہ مشق کر رہے مدد سے درخواست استعمال کرنے کے لئے حوصلہ افزائی کرنا.

خداوند سانوں کس طرح جواب دیں گے ؟

- میتھیو 20:20 22 - اس کے بعد جیمز اور جان کی ماں، جبدی کے بیٹوں، اپنے بیٹوں کے ساتھ حضرت عیسی علیہ السلام کے پاس آیا. وہ احترام سے حق سے پوچھنا. "آپ کی درخواست پر کیا ہے؟" اس نے پوچھا. اس نے کہا، "آپ کے ریاست میں، تو براہ مہربانی بتائیں اپنے دو بیٹوں کی عزت کا آپ کے بائیں طرف آپ کے حق اور دوسر ے پر جگہوں پر آپ کو اگلے ایک میں بیٹھ کر کریں." لیکن یسوع نے ان سے کہہ کر جواب دیا، تمہیں پتہ ہے کہ "نہیں تم کیا کرتے پوچھ رہے ہو! آپ اس شکار میں پینے کے بارے میں ہوں کی کڑوی کپ سے پینے کے قابل ہیں؟ ""اوہ ہاں،" انہوں نے جواب دیا، "ہم کر سکتے ہیں!"

نہیں

"جیمز اور جان کی ماں نے یسوع سے پوچھا کہ اس کے بیٹے یسوع مسیح کی ریاست میں سب سے زیادہ مراعات یافتہ طبقے کی پوزیشنوں کو دینے کے لئے. فخر اور بجلی نے اس کی حوصلہ افزائی کی ہے. یسوع نے اس سے کہا تھا کہ وہ اس کی درخواست کومنظور نہیں کیونکہ صرف والد یہ ہے کہ اتھارٹی تھا. خدا کا کہنا ہے کہ 'نہیں' جب ہم غلط مقاصد کے ساتھ سے دعا گو ہیں."

نہیں - ہم نے غلط مقاصد ہیں.
شیک سر اشارہ "نہیں."

- جان 11:11 15 - کے بعد وہ اس نے کہا تھا، وہ پر چلے گئے ان کو بتانے کے لئے، "ہمارے دوست لاجر سو گیا ہے، لیکن میں وہاں جا رہا ہوں اسے جاگنا." اس کے چیلوں نے جواب دیا، "رب، اگر وہ سوتی ہے، وہ بہتر ہو" حضرت عیسی علیہ السلام نے ان ک ی موت کی بات کریں گے.، لیکن اس کے چیلوں نے سوچا تھا کہ وہ قدرتی نیند کا مطلب ہے. تو انہوں نے انہیں واضح طور سے کہا تھا، "لاجر مر گیا ہے، اور تمہارے لئے مجھے خوشی ہے کہ میں وہاں نہیں تھا، تاکہ تم یقین کر سکتے ہیں. لیکن ہمیں اس کے پاس جاؤ"

ماٹھا ہونا

"حضرت عیسی علیہ السلام جانتے تھے کہ لاجر بیمار تھا، اور وہ بہت پہلے - اور اس سے چنگا کر سکتے ہیں. تاہم، حضرت عیسی علیہ السلام کا انتظار ہے جب تک لاجر مر گیا تھا کیونکہ انہوں نے ایک بڑا کام ایک قیامت کرنا چاہتا تھا. حضرت عیسی علیہ السلام جانتے تھے کہ یہ اپنے عقیدے کو مضبوط بنانے اور خدا سے زیادہ عما اگر

لاجر پھر گلاب لانے گا. کبھی کبھی ہم انتظار کریں کیونکہ صحیح وقت نہیں ہے."

آہستہ.-ہم خدا کا وقت اور خود ہماری نہیں پر انتظار کرنے کی ضرورت ہے -
 ہاتھ ایک گاڑی کو سست کرنے جیسے نیچے دھکا.

- لوقا 9:51-56 - جیسے جیسے وقت کے لئے اس جنت میں چڑھ کرنے کے قریب متوجہ کیا، یسوع یروشلم کے لئے نکلے. انہوں نے دوتوں سے آگے سمارٹن کے ایک گاؤں میں ان کی آمد کے لئے تیار کرنے کے لئے بھیجا. لیکن گاؤں کے لوگ یسوع وہاں رہنا نہیں چاہتے تھے. جب جیمزاور جان اس نے دیکھا، انہوں نے کہا کہ یسوع کو "رب، ذیل میں ہم نے آس مان سے آگ انہیں جلا رابطہ کرنا چاہئے؟ لیکن حضرت عیسی علیہ السلا م کو دیا اور انہیں ڈانٹا. تاکہ وہ کسی دوسرے گاؤں چلا گیا.

ودھاؤ

"جب سمارٹن گاؤں، جیمز عیسی اور جان کا خیر مقدم نہیں کیا اس آگ سے پورے گاؤں کو تباہ کرنا چاہتے تھے. چیلوں کے یسوع کا مشن سمجھ میں نہیں آ رہا تھا: وہ لوگوں کو بچانے کے لئے، ان کو نقصان پہنچانے کے لئے نہیں آیا تھا. چیلوں کے کچھ بڑھتی ہوئی تھی کرنا ہے! اسی طرح میں جب ہم ہیں کہ ہم، واقعی نہیں کی ضرورت ہے یا مصیبت میں ہمیں مل جائے گا کے لئے خدا سے دعا گو ہیں، یا ہماری زندگی کے لئے خدا کے مشن کے ساتھ نہیں کی لکیر، وہ انہیں نہیں کرتا. وہ کہتے ہیں کہ ہم میں اضافہ کی ضرورت ہے."

خدا نے ہم سے پہلے ایک علاقے میں اگانے کو چاہتا ہے - اگاتے ہیں.
✋ ہاتھ میں بڑھتی ہوئی پلانٹ خاکہ.

⌖

- جان 15:7 - لیکن اگر آپ مجھ میں رہتے ہیں،
اور میری باتیں آپ میں رہتے ہیں تم جو چاہو
پوچھو،، اور اسے وقت دیا جائے گا ہو سکتا ہے!

جاؤ

"جب ہم یسوع کی پیروی اور ان کے الفاظ کی طرف سے رہتے ہیں، ہم نے ہمیں ضرورت کے لئے خدا سے دعا گو ہیں اور یقین ہے وہ ان کو دے گا کر سکتے ہیں. خدا کا کہنا ہے کہ، "ہاں! جاؤ! آپ ہو سکتا ہے!"

ہم اس کی مرضی کے مطابق دعا کی اور وہ کہتے ہیں کہ "جی ہاں." – جاؤ
✋ ہیڈ یہ اشارہ دیا "ہاں" اور ہاتھ کا اشارہ دے، "جا" کے وارڈ کے لئے آگے بڑھ رہے ہیں.

یاد داشت آیت

- لیوک 11:9 - تو میں آپ کو کہتے ہیں،
پوچھتے رہتے، اور یہ آپ کو دیا جائے گا.
تلاش رکھو، اور آپ کو مل جائے گا. دستک،
اور آپ کو دروازے کھولے جائیں گے رہو.

- ہر کوئی کھڑا ہے اور ہے میموری آیت کا کہنا ہے کہ دس بار ایک ساتھ. پہلے سے چھ گنا، سیکھنے میں ان کے بائبل

یا طالب علم کے نوٹوں کا استعمال کرتے ہیں. گزشتہ چار گنا، وہ میموری سے آیت کا کہنا ہے کہ. سیکھنے کی آیت کا حوالہ کا کہنا ہے کہ قبل اس کے کہ وہ آیت ہر وقت کی قیمت بتاؤں اور وہ نیچے جب پنکھ بیٹھ چاہئے.

- یہ میں مدد ملے گی پرشکشکوں کو جانتے ہیں جنہوں نے "پریکٹس" کے سیکشن میں لیس بیٹے ختم ہو گیا ہے.

مشق

- اس - کے لئے ان کی نماز کے ساتھی کا سامنا بیٹھ کر سیکھنے والوں سے پوچھو. شراکت دار ایک دوسرے کو سبق سکھا موڑ لیتے ہیں.

"جوڑی میں چھوٹا شخص رہنما ہو جائے گا."

- 21 صفحے پر ٹریننگ تربیت عمل کریں.
- پر زور دیتے ہیں کہ آپ ان کو "مطالعہ" کے سیکشن میں سب کچھ بالکل جس طرح تم نے کیا سکھانا چاہتے ہیں.

"سوال پوچھیں، صحیفوں ساتھ مل کر پڑھیں، اور ایک سوالات اسی طرح ہے کہ میں آپ کے ساتھ کیا تھا."

- بعد ایک دوسرے سے سیکھنے کی تربیت کی مشق ہے، ان کو ایک نئے ساتھی اور پریکٹس کو دوبارہ حاصل کرنے کے لئے کہتے ہیں. کسی کے بارے میں سوچنا ہے کہ وہ تربیت کے باہر اس سبق کو شریک کرے گا روں کے سیکھنے سے پوچھو.

"کوئی آپ اس تربیت کے باہر سے یہ سبق سکھا سکتے ہیں کے بارے میں سوچنے کے لئے چند لمحات لے لو. اس سبق کے پہلے صفحے کے سب سے اوپر ہے کہ فی بیٹے کا نام لکھیں."

اخیر

خداوند دعا فون نمبر ☙

"تم خدا کے فون نمبر کا پتہ کیا؟ یہ 3-3-3 ہے."

- ییرمیاہ 33:3 - تم فون کرو اور میں آپ کو جواب دے گا، اور میں تم سے عظیم اور طاقتور چیزیں ہیں، جو تم نہیں جانتے بتا دیں گے.

"اس بات کا یقین کریں کہ آپ کو ہر روز اس کے فون کریں. وہ تم سے سننے کے لیے انتظار کر رہا ہے اور اپنے بچوں کو بات کرنے کے لئے محبت کرتا ہے!"

دو ہتھ تے دس انگلاں ☙

- دو ہاتھ پکڑو.

مومنوں اور کافروں: "لوگوں کے دو قسم کے ہیں ہر دن جس کے لئے ہم نماز ادا کرنا چاہئے ہیں.

"ہم مومنوں ہے کہ وہ حضرت عیسی علیہ السلام اور ٹرین کے دوسروں کو بھی ایسا ہی کرنے کی پیروی کریں گے کے لئے دعا کریں. ہم کافروں کہ وہ مسیح کو وصول کریں گے کے لئے دعا کریں."

- سیکھنے میں پانچ افراد کو ان کے دائیں ہاتھ جو مومن ہو، نہیں ابھی تک پر اعتماد کرنے کے لئے منتخب کرنے کے لئے حوصلہ افزائی کرنا. وقت ان کے لیے عیسی علیہ السلام کے پیروکار بننے سے درخواست کر خرچ کرتے ہیں.

- بائیں ہاتھ پر سیکھنے مومنوں وہ جانتے ہیں جسے وہ یسوع مسیح کی پیروی کرنے کی تربیت کر سکتے ہیں شامل ہونا چاہئے. ان مومنوں کے لئے وقت نماز ان کے دل کی سب کے ساتھ حضرت عیسی علیہ السلام کی پیروی کرنے کے لئے خرچ کرتے ہیں.

۵

حکم منو

اطاعت ایک نوکر کے طور پر حضرت عیسی علیہ السلام کے لئے سیکھنے کا متعارف کرایا ہے: بندوں لوگوں کی مدد، وہ ایک شائستہ دل ہے، اور وہ اپنے مالک کی اطاعت ہے. اسی طرح حضرت عیسی علیہ السلام کی خدمت اور ان کے والد کے بعد میں، اب ہم اور صفات کی پیروی کی خدمت. تمام اتھارٹی کے ساتھ ایک کے طور پر، انہوں نے ہمیں دیا اطاعت کرنے کے لئے چار حکم دیتا ہے: جانے، چیلوں کے بنانے، بپتسما، اور ان تمام وہ حکم ہے اطاعت سکھانے کے لئے. حضرت عیسی علیہ السلام نے یہ بھی وعدہ کیا ہے کہ وہ ہمیشہ ہمارے ساتھ ہو گی. اور جب عیسی ایک کمانڈ دیتا ہے، ہم اس وقت کے سب اطاعت، فوری طور پر محبت کا ایک دل سے کرنا چاہئے، اور.

زندگی میں طوفان ہر کسی کو آتے ہیں، لیکن عقل مند آدمی نے حضرت عیسی علیہ السلام حکم دیتا ہے اطاعت زندگی بناتا ہے، بے وقوف شخص نہیں کرتا ہے. آخر میں، سیکھنے کا شروع سے ایک 29 کا نقشہ، ان کی فصل کی فیلڈ کی ایک تصویر پر کام کرتا ہے، جس میں وہ سیمینار کے آخر میں پیش کریں گے.

حمد

- منڈلی دے ہر بندے لئی خداوند دی برکت سے سیدھاں منگو۔
- منڈلی وچوں کسے اِک دا ناؤں کجھ کورس یا حمداں گاؤن لئی دسو

نماز

- وہ ایک پارٹنر کے ساتھ نہیں ہے اس سے پہلے کسی کے ساتھ جوڑے میں سیکھنے کا انتظام.
- ان کے ساتھی کے ساتھ ہر سیکھنے کے حصص میں درج ذیل سوالات کے جواب:

1. ہم نے کھو دیا ہے لوگوں نے تمہیں بچایا جائے جانتے ہیں کے لئے کس طرح نماز ادا کر سکتے ہیں؟
2. ہم آپ گروپ کی تربیت کر رہے ہیں کے لئے کس طرح نماز ادا کر سکتے ہیں؟

- اگر ایک پارٹنر کی تربیت کی کسی کو بھی شروع نہیں کیا ہے، ان کے اثر و رسوخ کے دائرے میں پو لوگ وہ تربیت شروع کر سکتے ہیں کے لئے دعا کریں.
- شراکت دار ساتھ مل کر دعا کریں.

پڑھائی

☙ فنکی چکن کرو!

"میں نے آج کچھ کرنے کے لئے جا رہی ہوں میں آپ سے امید ہے کہ کبھی نہیں کے لئے حاصل کی. ایک دائرے میں کھڑے ہو جاؤ اور میری طرف دیکھو. میں آپ کو سب کچھ میں کر نقل کرنا چاہتے ہیں."

- پہلی بار، سادہ ہاتھ کے التواء کا مظاہرہ موقع کہ کاپی کر سکتے ہیں. مثال کے طور پر کو جمہائی، اپنے گال، اپنی کوہنی ، وغیرہ ان کو آہستہ آہستہ اور صرف کافی ہے کہ ہر کوئی انہیں آسانی سے کر سکتا ہوں کیا میں شامل ہیں.

"یہ تھا میرا پیچھا کرنے کی آسان ہے؟ یا کیوں نہیں کیوں؟

"یہ مجھ سے کاپی کرنے کے لئے آسان تھا کیونکہ میں نے سب کچھ صرف کیا. اب، میں تم مجھ سے دوبارہ کاپی کرنے کے لئے چاہتے ہیں. یاد رکھیں، ہر چیز بالکل جس طرح میں اسے کر کرتے ہیں."

- دوسری بار، التواء ہیں جو چکن رقص کی ایک کی ہیں کا مظاہرہ، جان کر، ڈسکو اور لومڑی دلکی چال. اپنے پاگل، پیچیدہ رقص ہے کہ کوئی بھی کاپی کر سکتے ہیں کریں. کچھ آپ کی نقل کرنے کی کوشش کریں، لیکن سب سے زیادہ منصفانہ اور کہتے ہیں کہ یہ ناممکن ہے ہنسنا گا.

"یہ تھا مجھے کہ وقت پر عمل کرنے کے لئے آسان ہے؟ یا کیوں نہیں کیوں؟

"ہم آپ کو سبق سکھا جو دوبارہ نہی بن آسان ہیں. جب ہم سبق کو اس طرح کی تعلیم دیتے ہیں، آپ دوسروں کی تربیت کر سکتے ہیں جو دوسروں کی تربیت کرے گا. جب ایک سبق بھی پیچیدہ ہے، لوگوں کو دوسروں کے ساتھ بانٹ نہیں کر سکتے ہیں. جب تم جس طرح سے یسوع سکھایا مطالعہ، آپ محسوس کرتے ہیں کہ انہوں نے سادہ سبق لوگوں elp یاد رکھنا اور دوسروں کو بتا سکتا ہوں مشترکہ ہے. ہم یسوع کے طریقہ کار جب ہم دوسروں کی تربیت پر عمل کرنا چاہتے ہیں."

جائزہ

جائزے مگروں ٹرینر یاں اپرنٹس سِکھلائی لین والیاں نوں جاری سبق بارے دسدا تے زور دیندا اے کہ اوہ گوہ نال سُنن کیونجے اگے جا کے اوہ آپے وی دوجیاں نوں سکھاؤن گے۔

آٹھ تصاویر اس کی مدد ہم سے عیسی علیہ السلام پر عمل کیا ہو؟

سپاہی، چاہونڑ ہار، ایالی، کاشت کار،پتر، صوفی ، خدمت گار، مختیار

ودھاؤ

تین باتیں ایک مینیجر کرتا ہے کیا ہیں؟
آدمی کو خدا کی پہلی کمانڈ کیا تھا؟
یسوع مسیح کے آخری آدمی کو کمانڈ کیا تھا؟
میں کس طرح نتیجہ خیز اور گنا ہو سکتا ہے؟
اسرائیل میں واقع دو سمندر ہیں؟
وہ کیوں ہیں اتنا مختلف ہے؟
آپ کون سا کی طرح بننا چاہتے ہیں؟

موہ کرو

تین باتیں ایک چرواہا کرتا ہے کیا ہیں؟
دوسروں کو سکھانے کے لئے سب سے اہم کمانڈ کیا ہے؟
محبت کہاں سے آتا ہے؟
سادہ عبادت کیا ہے؟
ہم سادہ عبادت کیوں ہے؟
یہ سادہ عبادت کرنے میں کتنے لوگوں کو لگتا ہے؟

دعا منگو

تین چیزوں کی ایک سنت آتی ہے کیا ہیں؟
ہم کس طرح ادا کرنا چاہئے؟
خدا نے ہمیں کس طرح جواب دیں گے؟
خدا کا فون نمبر کیا ہے؟

یسوع کس طرح دے نیں ؟

نشان زد 10:45 - انسان کے بیٹے کے لئے بھی خدمت کرنے نہیں آیا، لیکن دوسروں کی خدمت کرنا، اور بہت سے لوگوں کے لئے تاوان کے طور پر اپنی زندگی دینے کے لئے.

"حضرت عیسی علیہ السلام ایک نوکر ہے. عیسی علیہ السلام کے شوق نے بنی نوع انسان کے لئے اس کی زندگی کو دے کر ان کے والد کی خدمت کرنے کا تھا."

نوکر

🖐 ہتھوڑا دکھاوا.

اک خدمت گار کیہڑے تین کم کردہ ہے ؟

8 2:5 تمہارا رویہ ہے کہ مسیح عیسی علیہ السلام کے طور پر ایک ہی ہونا چاہئے: کون، بہت نوعیت خدا میں کیا جا رہا ہے، خدا کے لئے کچھ جائے کے ساتھ مساوات کے بارے میں غور نہیں کیا، لیکن خود کچھ بھی نہیں بنا دیا، بہت فطرت لے کر ایک نوکر کی، انسانی شکل میں بنایا جا رہا ہے. اور ایک آدمی کے طور پر ظہور میں پایا، اس نے اپنے آپ کو دین اور ایک صلیب پر موت کی بھی موت کے فرمانبردار بن گیا!

1. ملازمین دوسروں کی مدد ہے.

"انہوں نے کہا کہ یسوع صلیب پر مر گیا ہمیں خدا کے خاندان میں واپس آنے میں مدد کرنے کے لئے."

2. نوکر میں ایک شائستہ دل ہے.
3. نوکر اپنے مالک کی اطاعت.

"حضرت عیسی علیہ السلام کے والد مانا. ہم اپنے
عمل کرنا چاہئے."

انہوں نے کہا کہ یسوع ہمارے گناہوں کے لئے صلیب پر مرنے کی طرف سے مدد کی ہم. اس نے اپنے دین اور ہمیشہ اس کے والد کی اطاعت کرنے کی کوشش کی.
حضرت عیسی علیہ السلام ہم میں ایک نوکر اور وہ اس کی زندگی کا ہے. جیسا کہ ہم اس کی پیروی کرتے ہیں، ہم بندوں ہو بھی جائے گا. ہم دوسروں کی مدد، ایک شائستہ دل ہے، اور ہمارے مالک حضرت عیسی علیہ السلام کی اطاعت کرو."

دنیا چ سب توں وڈا حاکم کون اے ؟

- میتھیو 28:18 - پھر حضرت عیسی علیہ السلام
ان کے پاس آیا اور کہا، "جنت میں اور زمین
پر تمام اتھارٹی نے مجھے دیا گیا ہے."

"یسوع نے جنت میں اور زمین پر سب سے زیادہ اتھارٹی ہے. وہ ہمارے والدین، اساتذہ، اور حکومت کے حکام نے حکومت کے مقابلے میں زیادہ حق ہے. اصل میں، وہ زمین پر سب کو ایک ساتھ ڈال سے زیادہ اتھارٹی اور طاقت ہے.
کیونکہ انہوں نے سب سے زیادہ اتھارٹی ہے، جب انہوں نے ہمیں ایک کے دیتا ہے، ہم کسی اور سے پہلے اس کی اطاعت کرنا چاہئے."

یسوع نے اپنے ہر مننن والے نوں کیہڑے چار حکم دتے نیں ؟

میتھیو 28:19 a20 - لہذا جاؤ اور سب قوموں کے
چیلے کر سکتے ہیں، بیٹا اور روح القدس کے ان کے
والد کے نام میں بپتسما اور، اور ان سب کچھ میں
نے آپ کا حکم دیا ہے اطاعت کے لئے تدریسی.

جاؤ

✋ انگلیاں آگے بڑھو "چلنا."

پرچارک بناونا

✋ حمد، دعا، مطالعہ، مشق،: تمام چار سادہ عبادات سے ہاتھ التواء کا استعمال کریں.

بپتسمہ دیو

✋ اپنے دوسرے کہنی اپنا ہاتھ رکھ دو، کہنی تک منتقل اور نیچے کے طور پر اگر کوئی جا رہا ہے بپتسما دیا.

لوکاں نوں حکم مننن دا سکھلاو

✋ ہاتھ ایک دوسرے کے ساتھ کے طور پر رکھو اگر آپ ایک کتاب پڑھ رہے ہیں، اور پھر "کتاب" کو درست کرنے کے لئے آگے پیچھے چھوڑ سے بڑھنے کے طور پر اگر آپ لوگوں کو سکھا رہے ہو.

سانوں کنج یسوع دا حکم مننا چاہیدہ اے ؟

"میں آپ کے ساتھ تین کہانیاں ہیں جو کہ اس قسم کی اطاعت کا خدا ہم سے چاہتا ہے وضاحت اشتراک کرنا چاہتے ہیں. براہ مہربانی قریب سے سننے تاکہ آپ ان کو دوبارہ جب آپ چند منٹوں میں آپ کے ساتھی کو سبق سکھا سکتے ہیں."

ہر ویہلے

"ایک بیٹے کو اس کے والد سے کہا کہ وہ اس کے علاوہ سال کے ہر مہینے کی اطاعت کرے گا. اس مہینے کے دوران وہ ایسا کرتے ہیں، وہ جو کچھ بھی پسند (شراب پینے، روکنے کے اسکول جا رہے ہیں، وغیرہ) تو کیا آپ کو لگتا ہے کہ والد صاحب نے کہا.؟

"وہی لڑکا اس کے والد کو بتایا کہ، 'میں تم سے اس سال کے ہر ہفتے کی اطاعت، لیکن میں ایک ہفتے کے لئے وہی کروں گا جو میں چاہتا ہوں گے.' (منشیات کرو، گھر وغیرہ سے بھاگ) کیا آپ سوچتے ہیں کہ والد نے کہا کہ ؟

"پھر لڑکے نے کہا، 'میں تم سے ایک کے علاوہ سال کے ہر دن کی اطاعت کرے گا. میں کہ ایک دن وہی کروں گا جو میں چاہتا ہوں '(شادی کر لو، قتل کسی، وغیرہ) کیا آپ سوچتے ہیں کہ والد نے کہا.؟

"ہمیں ہمارے بچوں کو وقت کے سب اطاعت کی امید رکھتے ہیں. اسی طرح میں، انہوں نے جب یسوع نے ہمیں حکم دیتا ہے، ہمیں اس وقت کے سب اطاعت کی توقع رکھتا ہے."

وقت کے سب
آپ کے بائیں طرف سے دائیں ہاتھ سے دائیں طرف منتقل کریں.

چھیتی نال

"ایک لڑکی ہے جو اس کی ماں سے بہت محبت کرتا تھا. اس کی ماں بہت بیمار ہو گئے اور مرنے کے بارے میں. کیڑے یر نے اس کی بیٹی سے کہا کہ، 'براہ مہربانی، مجھے پانی کی ایک جام لے.' بیٹی نے کہا، 'ہاں، میں

کروں گا اگلے ہفتے ... (مختصر روکنے).' کیا آپ کو لگتا ہے کہ ماں نے کہا کیا ہے؟

"ہم نے ہمارے بچوں کو فوری طور پر ان کی سہولت کے نہیں کی اطاعت کرنے کی امید رکھتے ہیں. اسی طرح میں، انہوں نے جب یسوع نے ہمیں حکم دیتا ہے، ہمیں اس سے فوری طور پر نہ کچھ دیر کے مستقبل میں اطاعت، امید ہے."

چھیتی نال
🖐 ایک رفتار میں اوپر سے نیچے تک ہاتھ کو منتقل.

موہ دے دل نال

"ایک نوجوان شخص تھا جو شادی کرنا چاہتا ہے. میں نے اسے بتایا کہ میں ایک روبوٹ ہے کہ ان کی ہر کمانڈ اطاعت کریں گے. جب وہ کام سے گھر آیا، روبوٹ کہتے ہیں، 'میں تم سے اتنا پیار کرتی ہوں، آپ کو ایک ایسی مشکل کارکن ہیں.' اگر وہ اس روبوٹ کی بیوی سے کہا کہ کچھ بھی کرنے کے لئے، وہ، ہمیشہ 'جی ہاں کہتے ہیں، شہد گا. آپ دنیا میں سب سے بڑا آدمی ہیں 'آپ کو کیا لگتا ہے کہ میرے دوست کی بیوی کے اس طرح کے بارے میں سوچا ہے.'؟ (ایک روبوٹ نقالی کریں جب آپ کا کہنا ہے کہ روبوٹ کیا کہیں گے.)

"ہم چاہتے ہیں ایک سچے دل سے نہیں ایک حامی روبوٹ سے آئے، محبت کرتے ہیں. ہم سچے پیار چاہتے ہیں. اسی طرح، خدا نے ہمیں محبت کا ایک دل سے اطاعت کرنا چاہتا ہے."

محبت کا ایک دل سے
🖐 سینے پر ہاتھ کراس اور پھر خدا کی تعریف میں ہاتھ اٹھائے.

- تین ہاتھ التواء میں کئی بار ملاحظہ کریں:

"یسوع نے ہمیں اس کی اطاعت کرنے کے لئے چاہتا ہے:.
ہر وقت، محبت کا ایک دل سے فوری طور پر،"

"یسوع نے ہر مومن دیا چار حکم دیتا ہے ہے. ہم کس طرح
کی اطاعت کرنا چاہئے؟"

اوہ سانوں جان دا حکم دیندے نیں

انگلیاں آگے بڑھو "چلنا."

سانوں کنج حکم مننا چاہیدہ اے ؟

"تمام وقت، فوری طور پر محبت کا ایک دل سے."

اوہ سانوں پرچارک بناؤں دا حکم دیندے نیں

حمد، دعا، مطالعہ، مشق،: تمام چار سادہ عبادات
سے ہاتھ التواء کا استعمال کریں.

سانوں کنج حکم مننا چاہیدہ اے ؟

"تمام وقت، فوری طور پر محبت کا ایک دل سے."

اوہ سانونبپتسمہ دین دا حکم دیندے نیں

اپنے بائیں ہاتھ کی مٹھی میں دائیں کہنی رکھو.
واپس دبلی پتلی صحیح اور تو بازو.

سانوں کنج حکم مننا چاہیدہ اے ؟

"تمام وقت، فوری طور پر محبت کا ایک دل سے."

اوہ سانوں لوکاں نوں اوہدی اطاعت سکھلاؤں دا حکم دیندے نیں

👋 ہاتھ ایک ساتھ رکھو جیسے اگر آپ ایک کتاب پڑھ رہے ہیں، اور پھر سیمی ایک دائرے کی مانند میں "کتاب" کو پیچھے اور آگے بڑھنے کے طور پر اگر آپ لوگوں کو سکھا رہے ہو.

سانوں کنج حکم مننا چاہیدہ اے ؟

"تمام وقت، فوری طور پر محبت کا ایک دل سے."

یسوع نے ہر مننن والے نال کی وعدہ کیتا اے ؟

- میتھیو 28:20 ب - اور یقینا میں تمہارے ساتھ ہمیشہ عمر کے آخر تک ہوں،.

"حضرت عیسی علیہ السلام ہمیشہ ہمارے ساتھ ہے. وہ یہاں ہمارے ساتھ ہے، اب."

یاد داشت آیت

- جان 15:10 - جب تم نے میرے احکام کی اطاعت، آپ میرے پیار میں رہتے ہیں، جیسا کہ میں نے اپنے والد کے احکام کی اطاعت اور اس کے پیار میں رہے.

- ہر کوئی کھڑا ہے اور ہے میموری آیت کا کہنا ہے کہ دس بار ایک ساتھ. پہلے سے چھ گنا، سیکھنے میں ان کے بائبل یا طالب علم کے نوٹوں کا استعمال کرتے ہیں. گزشتہ چار گنا، وہ میموری سے آیت کا کہنا ہے کہ. سیکھنے کو ریفرنس کا کہنا ہے کہ اس سے پہلے کہ ہر بار وہ آیت قیمت بتاؤں اور وہ نیچے جب فارغ بیٹھ کر کرنا چاہئے.
- یہ میں مدد ملے گی پرشکشکوں کو جانتے ہیں جنہوں نے "پریکٹس" کے سیکشن میں لیس بیٹے ختم ہو گیا ہے.

مشق

- اس کے لئے ان کی نماز کے ساتھی کا سامنا بیٹھ کر سیکھنے والوں سے پوچھو. شراکت دار ایک دوسرے کو سبق سکھا موڑ لیتے ہیں.

"جوڑی میں بلند ترین شخص رہنما ہو جائے گا."

- 21 صفحے پر ٹریننگ تربیت عمل کریں.
- پر زور دیتے ہیں کہ آپ ان کو "مطالعہ" کے سیکشن میں سب کچھ بالکل جس طرح تم نے کیا سکھانا چاہتے ہیں.

"سوال پوچھیں، کلام ایک ساتھ پڑھیں، اور ایک سوالات اسی طرح ہے کہ میں آپ کے ساتھ کیا تھا."

- بعد ایک دوسرے سے سیکھنے کی تربیت کی مشق ہے، ان کو ایک نئے ساتھی اور پریکٹس کو دوبارہ حاصل کرنے کے لئے کہتے ہیں. کسی کے بارے میں سوچنا ہے کہ وہ تربیت کے باہر اس سبق کو شریک کرے گا روں کے سیکھنے سے پوچھو.

"کوئی آپ اس تربیت کے باہر سے یہ سبق سکھا سکتے ہیں کے بارے میں سوچنے کے لئے چند لمحات لے لو. اس سبق کے پہلے صفحے کے سب سے اوپر ہے کہ فی بیٹے کا نام لکھیں."

اخیر

سچی مڈھ تے کھلونا ♋

- اگلے پرہسن کے لئے تین رضاکاروں کے لیے پوچھو: پرہسن اور راوی ہونا کرنے کے لئے ایک کو انجام دینے کے لئے دو. آپ کے سامنے ہے اور پارٹی کو بند راوی

میں دو کے رکھیں. دو رضاکاروں نے پرہسن کارکردگی کا مظاہرہ کر مردوں سے ہونا چاہئے.

- راوی 24:7-25 میتھیو پڑھنے کے لیے کہو

"عقل مند آدمی پتھر پر اپنا گھر بنایا ہے."

- میتھیو 7:24، 25 - کوئی بھی جو سنتا ہے اور عمل کرتا ہے میری ان تعلیمات کو جو ٹھوس چٹان پر ایک گھر بنایا ہے ایک عقل مند شخص کی طرح ہے. بارش نیچے انڈیل دیا، دریاؤں میں سیلاب، اور ہواؤں کو اس ک ے گھر کے خلاف شکست دی. لیکن یہ گر نہیں کیا کیونکہ یہ ٹھوس چٹان پر تعمیر کیا گیا تھا.

- راوی گزرنے کے بعد پڑھتا وضاحت، وار آدمی کو - ہوئے، ہوا کی طرح ایک آواز کو بنانے جبکہ پہلی رضاکار کے سر پر پانی بہا سکتا ہے.
- پانی کی بوتل پرہسن سے پہلے قریبی چھپائیں.
- راوی متی 26:7-27 پڑھنے کے لیے کہو

"بے وقوف آدمی ریت پر ان کے گھر بنایا ہے."

- میتھیو 7:26 27 - کوئی بھی جس نے میری تعلیمات کو سنتا ہے اور کیا ان کی اطاعت نہیں ہے جو ریت پر ایک گھر بنایا ایک بے وقوف شخص کی طر ح ہے. بارش نیچے انڈیل دیا، دریاؤں میں سیلاب، اور ہواؤں کو دھماکے سے اڑا دیا اور اس کے گھر کے خلاف شکست دی. آخر میں، یہ ایک حادثے کے ساتھ گر گیا.

- بیان کے بعد سمجھانے کی کوشش کریں، جو بے وقوف آدمی سے ہوا، ہوا کی طرح ایک آواز بنا جبکہ دوسرے رضاکار کے سر پر پانی بہا سکتا ہے. انہوں نے پرہسن کے آخر میں نیچے گر کے طور پر تم کہو، "اور عظیم نے اس کے گھر کے زوال تھا."

"جب ہم یسوع کی اطاعت ہے، تو ہم عقل مند آدمی کی طرح ہیں. جب ہم ایسا نہیں کرتے تو ہم بے وقوف شخص کی طرح ہیں. ہمیں یقین ہے کہ ہم جن لوگوں کی تربیت کر رہے ہیں بنانا چاہتے ہیں، عیسی علیہ السلام حکم دیتا ہے اطاعت پر ان کی زندگی کو لگائے. ان کا لفظ زندگی کی مشکلات میں ایک بنیاد سورج کی شناخت ہے."

اعمال ۲۹ دا نقشہ - حصہ 1

- "سچ بنیاد" پرہسن کے بعد، ہر سیکھنے پوسٹ کرنے والے کاغذ کا ایک ٹکڑا ہے، قلم، پنسل، رنگ، پنسل، ، مارکر، وغیرہ دے
- سمجھاو کہ سب جگہ جہاں خدا نے اس کے یا اس کے جانے کے لئے بلایا ہے کا ایک نقشہ بنانے کے لئے کی جا رہی ہے. تربیت کے دوران بار کہا ہے کہ وہ ان کے نقشے پر کام کر سکتے ہیں ہو جائے گا. انہوں نے ان پر طور پر شام کے دوران کام کر سکتے ہیں. یہ نقشہ ان کے یسوع مسیح کی طرف سے تمام دنیا میں جانے کے لئے کمانڈ کی اطاعت کی نمائندگی کرتا ہے.
- سیکھنے کی جگہ خدا کا ایک نقشہ اپنی طرف متوجہ کرنے کے لئے پوچھو ہے ان کے جانے کے لئے بلایا. ان کا نقشہ سڑکوں، دریاؤں، پہاڑوں، نشانیان، وغیرہ شامل ہیں اگر سیکھنے جہاں خدا نے ان کو بلا رہا ہے میں نہیں جانتا، ان میں ایک نقشہ ہے کہ جہاں وہ رہتے اور کام کرتے ہیں جہاں ان کے اہم لوگ رہتے ہیں کے ساتھ شامل متوجہ کرنے کے لئے حوصلہ افزائی کرنا چاہئے. یہ ایک بہترین نقطہ اغاز ہے.

ممکن نقشہ نشان

ہاؤس
ہسپتال / کلینک
مندر
چرچ
گھر چرچ
ملٹری بیس
مسجد
سکول
مارکیٹ

سیکھنے بہتر نقشے جب وہ کرنے کے لئے ہوتے ہیں ...

- کسی نہ کسی طرح سب سے پہلے ڈرافٹ کیا اور اسے کاغذ کا ایک صاف شیٹ کے بعد کاپی۔
- گھوم رہا ہے اور دیکھ کر جو دوسروں کو ان کے نقشے پر کر رہے ہیں کی طرف سے نئے خیالات حاصل کریں۔
- سمجھے وہ ٹریننگ کے اختتام پر نقشہ گروپ کو پیش کیا جائے گا۔
- یا رنگین پنسل کا نقشہ زیادہ رنگ بنانے کے لئے استعمال کرتے ہیں۔

MY ACTS 29
N
E
W
S
School
RIVER
RIVER
Bible school
Military Base
Football Field
Lake

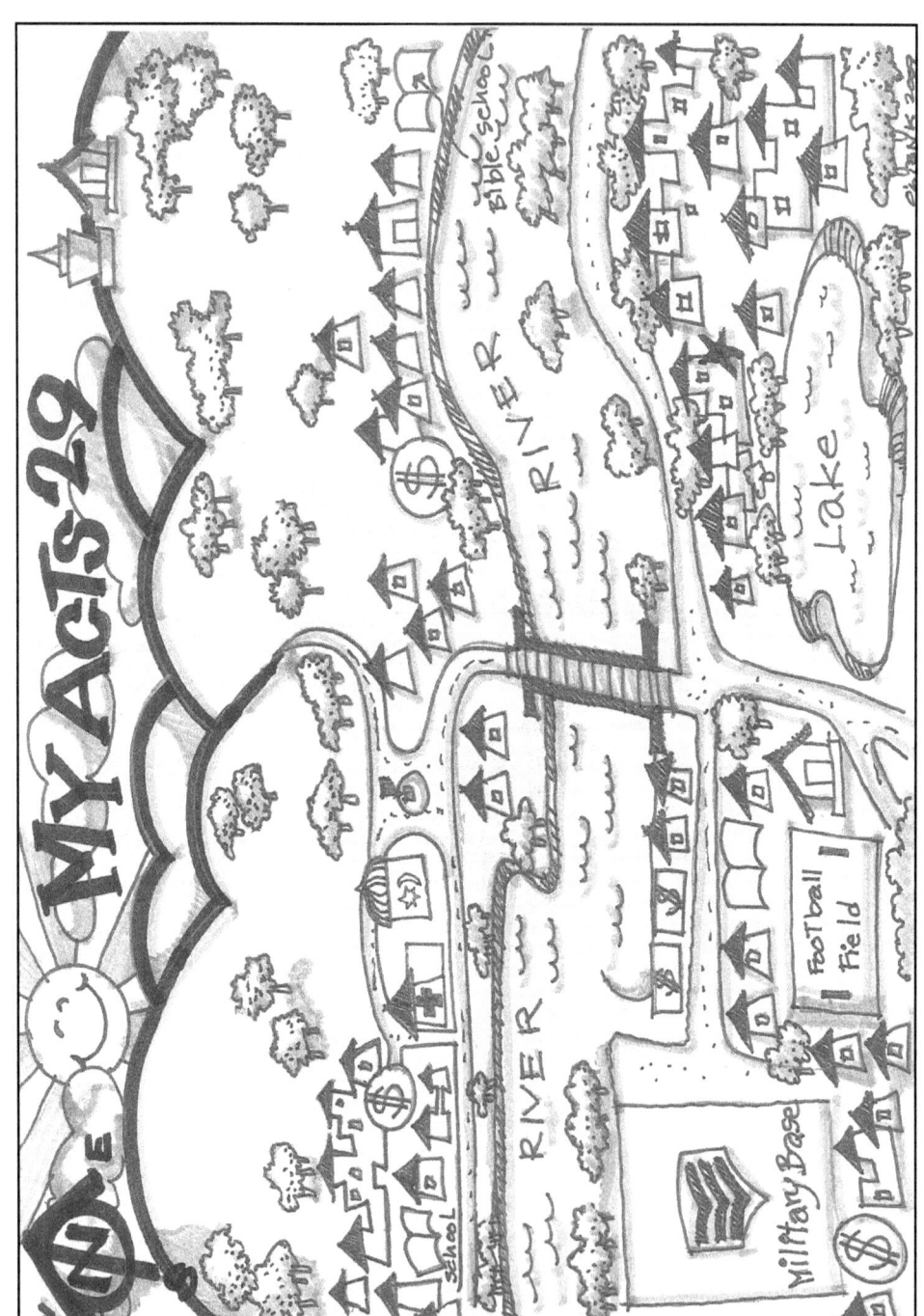

٦

راہ چلو

واک ایک بیٹے کے طور پر حضرت عیسی علیہ السلام کے لئے سیکھنے کا متعارف کرایا ہے: ایک بیٹا / بیٹی ان کے اعزاز / اس کے والد، اتحاد کی خواہش رکھتے ہیں، اور اس کے خاندان کو کامیاب کرنے کے لئے چاہتا ہے. والد حضرت عیسی علیہ السلام کو "محبوب" کو بلایا اور روح القدس اس کی بپتسما میں یسوع پر اترا. یسوع نے ان کی وزارت میں کامیاب رہا ہے کیونکہ وہ روح القدس کی طاقت پر انحصار ہے.

اسی طرح، ہم نے ہماری زندگی میں روح القدس کی طاقت پر انحصار کرنا ہوگا. ہم چار روح القدس کے بارہ میں اطاعت کرنے کے لئے حکم دیتا ہے: روح کے ساتھ واک کیا روح غم، روح سے بھرا ہوا نہیں، اور روح کو نہیں بجھا. یسوع نے ہمارے ساتھ آج ہے اور ہماری مدد کے لئے بھی انہوں نے گلیل کی سڑکوں پر لوگ مدد کی چاہتا ہے. ہم یسوع کو فون کر سکتے ہیں اگر ہم کچھ ہے جو ہمیں اس پر عمل کرنے سے روک رہا ہے شفا یابی کی ضرورت ہے.

حمد

- منڈلی دے ہر بندے لئی خداوند دی برکت سے سیدھاں منگو۔
- منڈلی وچوں کسے اِک دا ناؤں کجھ کورس یا حمداں گاؤن لئی دسو

نماز

- وہ ایک پارٹنر کے ساتھ نہیں ہے اس سے پہلے کسی کے ساتھ جوڑے میں سیکھنے کا انتظام۔
- ان کے ساتھی کے ساتھ ہر سیکھنے کے حصص میں درج ذیل سوالات کے جواب:

1. ہم نے کھو دیا ہے لوگوں نے تمہیں بچایا جائے جانتے ہیں کے لئے کس طرح نماز ادا کر سکتے ہیں؟
2. ہم آپ گروپ کی تربیت کر رہے ہیں کے لئے کس طرح نماز ادا کر سکتے ہیں؟

- اگر ایک پارٹنر کی تربیت کی کسی کو بھی شروع نہیں کیا ہے، ان کے اثر و رسوخ کے دائرے میں پو لوگ وہ تربیت شروع کر سکتے ہیں کے لئے دعا کریں۔
- شراکت دا ساتھ مل کر دعا کریں۔

پڑھائی

☙ گیس توں باہر

"اگر میں میری موٹر سائیکل موقع دھکا دے دیا اور یہ گیس سے بھرا ہوا نہیں ہے آپ کے خیال میں؟"

- ایک رضاکار کے لئے پوچھو. رضاکارانہ طور پر آپ کے "موٹر سائیکل ہے." ہو اسکول، بازار کام کرنے کے لئے، اپنے موٹر سائیکل پش کیا جائے گا، اور دوستوں کا دورہ کرنے کے لئے. آپ کے دوست کے گھر میں، وہ آپ کے ساتھ آپ کی "موٹرسائیکل" کرنے کے لئے سواری سے دعا گو ہیں. ہم ان پر اور پھر ان کے ساتھ ساتھ دھکا. ظاہر کرتی ہیں کہ کس طرح تھکا یہ ہو جائے گا.

"ظاہر ہے، یہ بہت بہتر ہے جب آپ اپنی موٹر سائیکل میں پٹرول ڈال دیا ہے. تو پھر تم ان تمام چیزوں کے بارے میں بہت زیادہ آسانی سے کر سکتے ہیں."

- چابی مڑیں اور کک شروع کی آپ کے "موٹر سائیکل." اس بات کا یقین کر لیں کہ یہ ایک موٹرسائیکل کا شور کرتا ہے.
- تم اور موٹر سائیکل "درست" کرنے کے لئے کئی بار روکنا ہو سکتا ہے، اگر یہ شور بنانے روکتا ہے. تمام چیزیں آپ نے پہلے کیا تھا، مگر اب یہ ہے کیونکہ آپ نے موٹر سائیکل کو دھکا نہیں کیا. جب آپ کے دوستوں، انہیں موٹر سائیکل پر سوار ہے، اور کہتے ہیں کہ دعا گو ہیں، "یہ کوئی مسئلہ نہیں ہے. اب میں بہت طاقت کا ہے."

"موٹر سائیکل سے ہماری روحانی زندگی کی طرح ہے. بہت سے لوگوں کے ارد گرد ان کے روحانی زندگی 'دھکا'، ان کی اپنی طاقت پر انحصار. نتیجے کے طور پر، ان کے عیسائی واک مشکل ہے، اور وہ دینا چاہتے ہیں. دوسروں نے ان کی زندگی میں روح القدس کی طاقت دریافت کر لیا ہے. انہوں نے موٹر سائیکل میں گیس کی طرح ہے. روح القدس ہمیں طاقت ہم جو بھی حضرت عیسی علیہ السلام حکم دیتا ہے کچھ کرنے کی ضرورت فراہم کرتا ہے."

جائزہ

جائزے مگروں ٹرینر یاں اپرنٹس سِکھلائی لین والیاں نوں جاری سبق بارے دسدا تے زور دیندا اے کہ اوہ گوہ نال سُنن کیونجے اگے جا کے اوہ آپے وی دوجیاں نوں سکھاؤن گے۔

آٹھ تصاویر اس کی مدد ہم سے عیسی علیہ السلام پر عمل کیا ہو؟

سپاہی، چاہونڑ ہار، ایالی، کاشت کار،پتر، صوفی ، خدمت گار، مختیار

ودھاؤ

تین باتیں ایک مینیجر کرتا ہے کیا ہیں؟
آدمی کو خدا کی پہلی کمانڈ کیا تھا؟
یسوع مسیح کے آخری آدمی کو کمانڈ کیا تھا؟
میں کس طرح نتیجہ خیز اور گنا ہو سکتا ہے؟
اسرائیل میں واقع دو سمندر ہیں؟
وہ کیوں ہیں اتنا مختلف ہے؟
آپ کون سا کی طرح بننا چاہتے ہیں؟

موہ کرو

تین باتیں ایک چرواہا کرتا ہے کیا ہیں؟
دوسروں کو سکھانے کے لئے سب سے اہم کمانڈ کیا ہے؟
محبت کہاں سے آتا ہے؟
سادہ عبادت کیا ہے؟
ہم سادہ عبادت کیوں ہے؟
یہ سادہ عبادت کرنے میں کتنے لوگوں کو لگتا ہے؟

دعا منگو

تین چیزوں کی ایک سنت آتی ہے کیا ہیں؟
ہم کس طرح ادا کرنا چاہئے؟
خدا نے ہمیں کس طرح جواب دیں گے؟
خدا کا فون نمبر کیا ہے؟

حکم منو
تین چیزوں کی ایک نوکر آتی ہے کیا ہیں؟
سب سے زیادہ اتھارٹی کون ہے؟
چار حکم دیتا ہے صفات ہر مومن کے لئے دیا ہے کیا ہیں؟
ہم یسوع کو کس طرح کی اطاعت کرنا چاہئے؟
ایک وعدہ صفات ہر مومن کے لئے دیا ہے کیا ہے؟

یسوع کس طرح دے سن ؟

- میتھیو 3:16 - 17 - کے بعد حضرت عیسی علیہ السلام کے بپتسما دیا گیا تھا، اس نے پانی سے چلا گیا فوری طور پر. آسمان اچانک اس کے لئے کھول دیا، اور انہوں نے خدا کو کبوتر کی طرح اترتے ہیں اور اس پر نیچے آنے کی روح کو دیکھا ہے. اور آسمان سے ایک آواز آئی: "یہ میرا پیارا بیٹا ہے. مجھے اس میں خوشی !

"حضرت عیسی علیہ السلام ایک بیٹا ہے. 'انسان کا بیٹا' یسوع نے اپنے لئے پسندیدہ تھا. ابدی خدا کو فون کرنے کے لئے وہ پہلے تھا، والد. 'اس کے جی اٹھنے کی وجہ سے، اب ہم خدا کے خاندان کا ایک حصہ بھی ہو سکتے ہیں."

بیٹا / بیٹی
✋ منہ کی طرف ہاتھ جیسے اگر آپ کھا رہے ہیں ہٹو. بیٹوں میں بہت کھاتے ہیں!

اک پتر کیہڑے تین کم کردا ہے ؟

- 17:4 جان، 18-21 - (عیسی علیہ السلام کا کہنا ہے کہ ...) میں تم سے عما یہاں لایا کام تم نے مجھے ایسا کرنے دیا مکمل کر کے زمین پر جیسا کہ آپ نے مجھے دنیا میں بھیجا، میں نے انہیں دنیا میں بھیج رہا ہوں. اور میں خود ان کے لئے ایک مقدس

قربانی کے طور پر دے تو وہ مقدس آپ کی سچائی کی طرف سے بنایا جا سکتا ہے۔ میں نہ صرف ان کے چیلوں کے لئے لیکن جنہوں نے ان کے پیغام کے ذریعے مجھ پر کبھی یقین نہیں کرے گا کے لئے بھی درخواست کر رہا ہوں۔ میں درخواست کرتا ہے کہ وہ کسی ایک کے، جیسا کہ آپ اور میں ایک طور پر آپ نے مجھے، فادر میں ہیں ہو جائے گا، اور میں تم سے میں ہوں۔ اور وہ ہم میں اتنی ہو کہ د خیال ہے کہ آپ نے مجھے بھیج دیا جائے گا ہو سکتا ہے۔

1. بیٹوں کو ان کے والد کا احترام۔

یسوع نے ان کے والد کی عما لے کر ایا ہے جبکہ وہ زمین پر تھا۔

2. بیٹوں خاندان میں اتحاد چاہتے ہیں۔

حضرت عیسی علیہ السلام اپنے پیروکاروں کو ایک ہونا چاہتی ہے، بالکل اسی طرح جیسے انہوں نے اور ان کے والد ایک ہیں۔

3. بیٹوں کے خاندان کو کامیاب کرنے کے لئے چاہتے ہیں۔

جیسا کہ خدا نے دنیا کو یسوع بھیجا کامیاب، ہمیں اچھی طرح سے کامیاب کرنے کے لیے بھیجتا ہے۔

"حضرت عیسی علیہ السلام کا ایک بیٹا ہے، اور وہ ہم میں رہتا ہے۔ جیسا کہ ہم اس کی پیروی کرتے ہیں، ہم بیٹوں اور بیٹیوں ہو جائے گا۔ ہم ہمارے مرحوم والد، خدا کے خاندان میں کی خواہش کا اتحاد، اور کام خدا برطانیہ کے کامیابی سے بچنے کے لیے اسے احترام کرے گا۔"

یسوع دی وزارت کیوں کامیاب اے ؟

- لوقا 4:14 - (اس کے فتنہ کے بعد) اور یسوع مسیح نے روح کی طاقت میں گلیل کرنے کے لئے واپس آئے، اور سب کے ارد گرد ضلع کے ذریعے اس کے بارے میں خبریں پھیلا.

"روح القدس حضرت عیسی علیہ السلام کی کامیابی کی طاقت دی. یسوع نے روح کی طاقت میں نہیں اس کی اپنی طاقت کی طرف سے ،. جب ہم یسوع کی پیروی کرتے ہیں، ہم جس طرح سے انہوں نے کاپی کر دیں. یسوع نے مسلسل حضور اس پر انحصار. چونکہ یسوع نے روح القدس پر انحصار کرنا پڑا، ہم کتنا زیادہ ہونا چاہئے!

یسوع نے سلیب دے آگے روح القدس دے بارے وچ مومناں نال کی وعدہ کیتا اے ؟

- جان 14:16 18 - اور میں نے والد صاحب سے پوچھو، اور وہ آپ کو ایک اور تمہیں سچ کے ہمیشہ کے لئے روح کے ساتھ رہنے کے لئے قونصلر دے گا. دنیا نے اسے قبول نہیں کر سکت ے ہیں، کیونکہ یہ نہ تو اسے دیکھتا ہے اور نہ ہی اسے جانتا ہ ے. لیکن تم اسے جانتے ہو، کے لئے وہ آپ کے ساتھ رہتا ہے اور میں تم ہو جائے گا. میں یتیموں کے طور پر آپ کو چھوڑ کر نہیں جائے گا، میں آپ کو آئے گا.

1. انہوں نے ہمیں روح القدس دے گا.
2. روح القدس ہمارے ساتھ ہمیشہ کے لئے ہو جائے گا.
3. روح القدس ہم میں ہو جائے گا.
4. ہم خدا کے خاندان کا ایک حصہ ہمیشہ رہے گا.

"ہم ان کے خاندان کا ایک حصہ ہیں کیونکہ روح القدس ہم میں رہتا ہے."

سُچے پرچارک بناؤنا

یسوع نے سلیب دے آگے روح القدس دے بارے وچ مومناں نال کی وعدہ کیتا اے ؟

- 1:8 - کام کرتا ہے - لیکن آپ کو طاقت حاصل ہے جب روح القدس تم پر آئے گا. اور تم یروشلم میں، اور سب یہودیا اور سامریا میں میرے گواہ ہو، اور زم ین کی چھور کو گا.

"روح القدس نے ہمیں طاقت دے گا جب انہوں نے ہم پر آتا ہے."

روح القدس دے چار حکم کیہڑے نیں ؟

- 5:16 - لیکن میں کہتے ہیں، روح کی طرف سے چلنا، اور آپ باہر نہیں لے جسم کی خواہش کرے گا.

روح دے پچھے چلو

- ایک رضاکار کا انتخاب کریں. شراکت دار مرد / مرد یا خواتین / عورتوں کو اور نہیں ملا چاہئے. (یہ اس طرح کیا ہے جب تک یہ مردوں اور کو ایک ساتھ انجام خواتین کے لئے ثقافتی طور پر موزوں ہے.)

"میرا ساتھی اور میں آپ کو خدا کی روح کے ساتھ چلنے کے بارے میں کچھ سچ دکھائے جا رہے ہیں. اس پرہسن میں، میں خود ہوں، اور میرا ساتھی روح القدس ہے. بائبل کا کہنا ہے کہ، 'روح کی طرف چلو."

- اپنے ساتھی کے ساتھ "روح کی طرف سے چلنے" کا مظاہرہ. آپ کے ساتھی آپ اور آپ کے حصہ نےر کی ایک دوسرے کے ساتھ ہاتھ، اور ایک دوسرے کے ساتھ بات کرنے کے لئے کمدوں کندھے میں ہاتھ چلنا 'روح القدس.'. جب روح القدس جانا کچھ جہاں-چاہتا ہے، اسے / اس کے

ساتھ جاؤ. کبھی کبھی، تاہم، جہاں روح القدس جا رہا ہے دور چلنے کی کوشش کریں. اپنے ساتھی کے ساتھ شمولیت اختیار کی ہے کیونکہ روح القدس ہمیں کبھی نہیں چھوڑتا ہے رہیے. کیونکہ وہ ایک راستہ ہے، اور آپ ایک دوسرے کی جا رہی ہو جدوجہد کریں.

"ہم راستہ روح القدس خواہشات اور خود ہماری نہیں چلنا چاہئے. کبھی کبھی ہمیں ہماری اپنی سمت جانا چاہتے ہیں، اور اس میں روحانی مسائل اور ہمارے دل میں بہت تنازعہ کا سبب بنتا ہے."

روح کے ذریعے چلو
دونوں ہاتھوں پر انگلیاں "چلو".

- افسیوں 4:30 - اور کا غم نہیں خدا کے روح القدس، جو تم چھٹکارے کے دن کے لئے پر مہر لگا کر.

روح نوں غم نہ دِوو

"بائبل کہتے ہیں، 'روح القدس کا غم نہیں کیا.' روح القدس کے جذبات ہے، اور ہم اس اداس کر سکتے ہیں."

- روح القدس (آپ کے ساتھی) کے ساتھ کے ارد گرد چلو اور اس گروپ میں کسی کے بارے میں باتیں شروع. جب روح القدس تم یہ سب کر غمگین کرنے کے لئے شروع ہوتا ہے. ایک اور سیکھنے کے ساتھ ایک لڑائی لینے کے لئے ڈرامہ، اور روح القدس کو دوبارہ.

"محتاط آپ اپنی زندگی کو کس طرح رہتے ہو، کیونکہ روح القدس تم میں ہے اور اس کو اداس کیا جا سکتا ہے. ہم جو ہم کر کی طرف سے روح القدس کو اداس بنانے یا کہہ سکتے ہیں."

روح غم نہیں.
آنکھوں رگڑو طرح ہلا سر سگنل تو تم رو رہے ہیں "نہیں."

⌖

- افسیوں 5:18 - شراب کے نشے میں ہو نہیں کیا، کیونکہ کہ آپ کی زندگی برباد کر دے گا. اس کے بجائے، روح القدس سے بھرا ہوا ...

روح نال بھر جاؤ

"بائبل کہتے ہیں، 'روح سے بھر جائے.' اس کا مطلب یہ ہے کہ ہم روح القدس ہماری زندگی کے ہر حصہ میں اور دن کے ہر حصہ کی ضرورت ہے.

"جب ہم مسیح موصول ہوئی ہے، ہم روح القدس کی تمام موصول ہم کبھی بھی زمین پر پڑے گا. روح القدس کے 'مزید' کو حاصل کرنے کے لئے یہ ممکن نہیں ہے. تاہم، یہ روح القدس کے لئے ممکن ہے کہ ہم 'مزید' کو حاصل کرنے کے لئے! ہم ہر دن انہوں نے ہماری زندگی کتنی سے بھر دونگا کا انتخاب کرتے ہیں. یہ کمانڈ ہے اس کے لئے ہماری زندگی کے ہر حصہ کو بھرنے کے لئے."

روح سے بھر جائے.
اپنے پاؤں سے اپنے سر کے اوپر دونوں ہاتھوں کے ساتھ بہہ تحریک بنائیں.

⌖

1 - 5:19 - روح کی بجھا نہیں کیا؛

روح نوں بیزار نہ کرو

”بائبل کہتے ہیں، ’روح نہیں بجھا.‘ اس کا مطلب یہ ہے کہ ہم ہماری زندگی میں ان کے کام کو روکنے کی کوشش نہیں کرنی چاہئے.“

- روح القدس (آپ کے ساتھی) کے ساتھ چاروں طرف چلو اور گروپ کو بتانا ہے کہ روح القدس نے آپ کو سیکھنے کا ایک گواہ کے لئے چاہتا ہے. ، عذر دینے کے لئے گواہ ہے، اور آپ کے راستے منتقل انکار کر دیا. روح القدس آپ سے کہتا ہے ایک بیمار شخص کے لئے نماز ادا کرنے کے لئے، لیکن تم نے انکار، عذر دے، اور ایک مختلف سمت میں جانا.

”ہم نے بہانے سے اکثر خدا کے کام کی راہ میں رکاوٹ اور کیا جو ہم چاہتے ہیں کے بعد روح القدس کی قیادت کر رہا ہے بجائے اس کے کہ. ہم جو ہم نہیں کروں کی طرف سے روح القدس بجھا کر سکتے ہیں یا کہنا نہیں کر سکتے ہیں. ایسا لگتا ہے جیسے اگر ہم ہماری زندگی میں روح القدس کی آگ لگانے کی کوشش کر رہے ہیں.“

کیا روح نہیں بجھا.

ایک موم بتی کی طرح دائیں شہادت کی انگلی پکڑو. ایکٹ جیسے اگر آپ اسے باہر کو اڑانے کی کوشش کر رہے ہیں. ہلاو اپنے سر کے اشارہ ”نہیں.“

یاد داشت آیت

- جان 7:38 - جو کوئی بھی میرے میں خیال ہے کہ آنے اور پینے سکتے ہیں! کلام کے لئے اعلان، ”زندہ پانی کی ندیوں کو اس کے دل سے بہہ جائے گا.“

- ہر کوئی کھڑا ہے اور ہے میموری آیت کا کہنا ہے کہ دس بار ایک ساتھ. پہلے سے چھ گنا، سیکھنے میں ان کے بائبل یا طالب علم کے نوٹوں کا استعمال کرتے ہیں. گزشتہ چار گنا، وہ میموری سے آیت کا کہنا ہے کہ. سیکھنے کو ریفرنس کا کہنا ہے کہ اس سے پہلے کہ ہر بار وہ آیت قیمت بتاؤں اور وہ نیچے جب فارغ بیٹھ کر کرنا چاہئے.
- یہ میں مدد ملے گی پرشکشکوں کو جانتے ہیں جنہوں نے "پریکٹس" کے سیکشن میں لیس بیٹے ختم ہو گیا ہے.

مشق

- اس - کے لئے ان کی نماز کے ساتھی کا سامنا بیٹھ کر سیکھنے والوں سے پوچھو. شراکت دار ایک دوسرے کو سبق سکھا موڑ لیتے ہیں.

"انسان جو جوڑی میں اجلاس کی جگہ سے دور دور رہتا رہنما ہو جائے گا."

- 12 صفحے پر ٹریننگ تربیت عمل کریں.
- پر زور دیتے ہیں کہ تم کس طرح ان کو "مطالعہ" کے سیکشن میں سب کچھ بالکل جس طرح تم نے کیا سکھانا چاہتے ہیں.

"سوال پوچھیں، کلام ایک ساتھ پڑھیں، اور ایک سوالات اسی طرح ہے کہ میں آپ کے ساتھ کیا تھا."

- بعد ایک دوسرے سے سیکھنے کی تربیت کی مشق ہے، ان کو ایک نئے ساتھی اور پریکٹس کو دوبارہ حاصل کرنے کے لئے کہتے ہیں. کو روں سیکھنے کسی کے بارے میں سوچنا ہے کہ وہ تربیت کے باہر اس سبق کو شریک کرے گا کہو

"کوئی آپ اس تربیت کے باہر سے یہ سبق سکھا سکتے ہیں کے بارے میں سوچنے کے لئے چند لمحات لے لو. اس سبق کے پہلے صفحے کے سب سے اوپر ہے کہ فی بیٹے کا نام لکھیں."

اخیر

اس وزارت کے ایک بامعنی وقت ہے. اگر آپ کو مختصر وقت پر چل رہے ہیں، آپ اگلے سبق کے آغاز میں اس سیکشن کو یا یہ کر کسی اور وقت ہو سکتا ہے. آپ اس سیکشن کو بھی استعمال کریں اگر آپ کے گروپ میں ایک سیمینار کے ماحول میں شام کے دوران ایک کے بکتی وقت کے لئے چاہتا ہے ہو سکتا ہے.

☙ یسوع اتھے نیں

- عبرانیوں 13:8 - یسوع مسیح کبھی نہیں بدلتی ہے! وہ ایک ہی کل، آج، اور ہمیشہ کیا ہے.

- میتھیو 15:30 31 - اور بڑی بھیڑ اس کے پاس آئے، ان کے ساتھ جو لوگ لنگڑے تھے، معذور، اندھا، گونگا، اور بہت سے دوسرے لانے، اور وہ انہیں اپنے پیروں پر نیچے رکھی، اور اس نے انہیں چنگا کیا. تو بھیڑ کے طور پر وہ گونگا بولنے دیکھا، معذور ب حال اور لنگڑے گھومنا، اور دیکھ کر اندھے اور وہ اسرائیل کے خدا عما.

- جان 10:10 - چور صرف آتا ہے اور تباہ مار اور چوری؛ میں آیا ہے کہ وہ زندگی ہو سکتا ہے، کیا ہے اور اسے مکمل کرنے کے لئے ہے.

"عبرانیوں 13:8 میں بائبل کہتی ہے کہ یسوع ایک ہی کل، آج، اور ہمیشہ کے لئے ہے.

"متی 15:30 میں بائبل کہتی ہے کہ یسوع نے بہت سے مختلف مسائل کے ساتھ بہت سے لوگوں کو چنگا ہے.

10:10 جان میں، بائبل کہتی ہے کہ شیطان کو مارنے، چوری، اور تباہ آتا ہے، لیکن صفات ہمیں پرچر زندگی دینے آیا تھا.

"اصل میں، ہم جانتے ہیں کہ یسوع مسیح یہاں ہمارے ساتھ ہے ابھی. اگر آپ کی زندگی ہے کہ شفا یابی کی ضرورت ہے میں ایک ایسا علاقہ ہے، انہوں نے اسے اب بھی انہوں نے 15 میتھیو میں شفا چاہتا ہے. شیطان تمہیں جان سے مارنے اور تم سے چرا چاہتا ہے، یسوع آپ وپل زندگی دینا چاہتا ہے.

"شاید آپ مساج 15:30 گزرنے میں کسی کو روحانی تعلق کر سکتے ہیں.

"یسوع مضبوط ساتھ آپ ٹہلنے ہے، یا ہے شیطان آپ لنگڑا کر دیا؟"

کے ارد گرد لنگڑا کرنا.

"یسوع مسیح یہاں ہے. اس سے پوچھو، اور وہ آپ کو شفا عطا ہے تاکہ آپ اس کے ساتھ چل پھر کر سکتے ہیں.

"جہاں خدا کے کام کر رہا ہے یا شیطان کے ساتھ آپ کی آنکھوں اندا آپ کو دیکھ کر سکتا ہوں؟"

اپنی آنکھوں کو ڈھانپ.

"یسوع مسیح یہاں ہے. اس سے پوچھو، اور وہ آپ کو شفا عطا فرمائے تاکہ آپ جہاں اس نے پھر سے کام کر رہی ہے دیکھ سکتے ہیں.

"تم سب آپ کے ارد گرد ان کے ساتھ حضرت عیسی علیہ السلام کی اچھی خبر کیا اشتراک، یا آپ کو خاموش کریں؟"

سے اپنا منہ ڈھانپ لیا.

"یسوع مسیح یہاں ہے. اس سے پوچھو، اور وہ آپ کو شفا عطا فرمائے تاکہ آپ اس کے بارے میں دلیری کے ساتھ پھر سے بات کر سکتا ہوں گے.

"تم دوسروں کی مدد کر رہے ہیں، یا ہے شیطان آپ کو نقطہ تم نہیں دے سکتے اب چوٹ لگی ہے؟"

اپنے ہاتھ کیری کے طور پر اگر یہ چوٹ لگی ہے اور ایک گوفن میں.

"یسوع مسیح یہاں ہے. اس سے پوچھو، اور تاکہ آپ کو آپ کے پیچھے ماضی ڈال اور اس کے ساتھ دوبارہ چلنا کر سکتے ہیں وہ آپ کو شفا عطا کرے گا.

"تم اپنی زندگی میں کچھ مسئلہ یہ ہے کہ آپ کو اپنے پورے دل کے ساتھ حضرت عیسی علیہ السلام کی اقتدا سے رکھ رہا ہے کیا؟

"جو کچھ آپ کی بیماری، حضرت عیسی علیہ السلام اب یہاں ہے اور آپ کو شفا عطا کر سکتے ہیں. ہم یسوع کے باہر کال، اللہ تعالی آپ کو شفا عطا فرمائے، اور خدا کی عظیم عما لا!"

- ایک دوسرے کے لئے نماز ادا کرنے کے لئے شراکت داروں سے پوچھو، صفات نے ان کو ان کے دل کے ساتھ اس کے بعد سے ان کو مدنظر رکھتے ہوئے کسی بھی چیز سے شفا کے لئے کہہ رہی ہے.

۷

جاؤ

متلاشیوں نئی جگہوں کی تلاش، لوگوں کو کھو دیا، اور نئے مواقع: ایک سالک کے طور پر متعارف کرایا یسوع جاؤ. حضرت عیسی علیہ السلام جہاں اور وزیر جانے کے فیصلہ کس طرح کیا؟ اس نے ایسا نہیں کیا خود، وہ جہاں خدا کام کر رہا تھا کو دیکھنے کے لئے دیکھا، انہوں نے خدا میں شمولیت اختیار کی اور وہ جانتے تھے کہ خدا اس سے محبت کرتی تھی اور اسے دکھا جائے گا. ہم وزیر جہاں؟ اسی طرح ہے کہ یسوع نے کیا کس طرح کا فیصلہ کرنا چاہئے.

خدا کہاں کام کر رہا ہے؟ انہوں نے غریب کے درمیان کام کر رہی ہے، ٹوپی ، بیمار، اور مظلوم. دوسری جگہ خدا کے کام کر رہا ہے ہمارے خاندان میں ہے. انہوں نے ہمارے پورے خاندان کو بچانے کے لئے چاہتا ہے. سیکھنے کے لوگوں اور مقامات پر جہاں خدا ان کے اعمال کو 29 کا نقشہ پر کام کر رہا ہے تلاش.

حمد

- منڈلی دے ہر بندے لئی خداوند دی برکت سے سیدھاں منگو۔
- منڈلی وچوں کسے اِک دا ناؤں کجھ کورس یا حمداں گاؤن لئی دسو

نماز

- وہ ایک پارٹنر کے ساتھ نہیں ہے اس سے پہلے کسی کے ساتھ جوڑے میں سیکھنے کا انتظام.
- ان کے ساتھی کے ساتھ ہر سیکھنے کے حصص میں درج ذیل سوالات کے جواب:

  1. ہم نے کھو دیا ہے لوگوں نے تمہیں بچایا جائے جانتے ہیں کے لئے کس طرح نماز ادا کر سکتے ہیں؟
  2. ہم آپ گروپ کی تربیت کر رہے ہیں کے لئے کس طرح نماز ادا کر سکتے ہیں؟

- اگر ایک پارٹنر کی تربیت کی کسی کو بھی شروع نہیں کیا ہے، ان کے اثر و رسوخ کے دائرے میں پو لوگ وہ تربیت شروع کر سکتے ہیں کے لئے دعا کریں.
- شراکت دا ساتھ مل کر دعا کریں.

پڑھائی

جائزہ

جائزے مگروں ٹرینر یاں اپرنٹس سِکھلائی لین والیاں نوں جاری سبق بارے دسدا تے زور دیندا اے کہ اوہ گوہ نال سُنن کیونجے اگے جا کے اوہ آپے وی دوجیاں نوں سکھاؤن گے۔

آٹھ تصاویر اس کی مدد ہم سے عیسی علیہ السلام پر عمل کیا ہو؟
سپاہی، چاہونڑ ہار، ایالی، کاشت کار،پتر، صوفی ، خدمت گار، مختیار

ودھاؤ
تین باتیں ایک مینیجر کرتا ہے کیا ہیں؟
آدمی کو خدا کی پہلی کمانڈ کیا تھا؟
یسوع مسیح کے آخری آدمی کو کمانڈ کیا تھا؟
میں کس طرح نتیجہ خیز اور گنا ہو سکتا ہے؟
اسرائیل میں واقع دو سمندر ہیں؟
وہ کیوں ہیں اتنا مختلف ہے؟
آپ کون سا کی طرح بننا چاہتے ہیں؟

موہ کرو
تین باتیں ایک چرواہا کرتا ہے کیا ہیں؟
دوسروں کو سکھانے کے لئے سب سے اہم کمانڈ کیا ہے؟
محبت کہاں سے آتا ہے؟
سادہ عبادت کیا ہے؟
ہم سادہ عبادت کیوں ہے؟
یہ سادہ عبادت کرنے میں کتنے لوگوں کو لگتا ہے؟

دعا منگو
تین چیزوں کی ایک سنت آتی ہے کیا ہیں؟
ہم کس طرح ادا کرنا چاہئے؟
خدا نے ہمیں کس طرح جواب دیں گے؟
خدا کا فون نمبر کیا ہے؟

حکم منو
تین چیزوں کی ایک نوکر آتی ہے کیا ہیں؟
سب سے زیادہ اتھارٹی کون ہے؟
چار حکم دیتا ہے صفات ہر مومن کے لئے دیا ہے کیا ہیں؟
ہم یسوع کو کس طرح کی اطاعت کرنا چاہئے؟
ایک وعدہ صفات ہر مومن کے لئے دیا ہے کیا ہے؟

راہ چلو

تین چیزوں کا ایک بیٹا کرتا کیا ہیں؟
کیا یسوع کی وزارت میں طاقت کا منبع تھا؟
یسوع صلیب سے قبل روح القدس کے بارے میں وعدہ مومنوں کیا ہے؟
یسوع نے اس کے جی اٹھنے کے بعد روح القدس کے بارے میں وعدہ مومنوں کیا ہے؟
روح القدس کے بارے میں چار کی پیروی کرنے کا حکم دیتا ہے کیا ہیں؟

یسوع کس طرح دے سن ؟

- لوقا 19:10 - انسان کے بیٹے کے لئے حاصل کرنے اور بچانے جو کھو گیا تھا آ گیا ہے.

"حضرت عیسی علیہ السلام ایک سالک ہے. انہوں نے کھو دیا ہے لوگوں کی کوشش کی. انہوں نے یہ بھی خدا کا خدا اور اس کی زندگی میں بادشاہی کرے گا پہلے کی کوشش کی."

سالک

✋ آنکھوں کے اوپر ہاتھ کے ساتھ آگے پیچھے دیکھو.

اک چاہونڑ ہار کیہڑی تین شیواں دی چاہ رکھدا ہے ؟

نشان زد 1:37، 38 - اور جب وہ اسے مل گیا، انہوں نے سابق دعوی کیا کہ: "سب لوگ آپ کے لئے لگ رہا ہے!" یسوع نے جواب دیا، "ہمیں قریبی اور کرنے کے لئے کہیں جانا دو دیہات تو میں وہاں تبلیغ بھی کر سکتے ہیں ہے. یہی وجہ ہے کہ میں آیا ہوں."

1. متلاشیوں کو نئی جگہوں کو تلاش کرنے کے لئے پسند کرتے ہیں.
2. متلاشیوں کو کھوئے ہوئے لوگوں کو تلاش کرنے کے لئے پسند کرتے ہیں.
3. متلاشیوں کے نئے مواقع تلاش کرنے کے لئے پسند کرتے ہیں.

"حضرت عیسی علیہ السلام ہم میں ایک سالک اور وہ اس کی زندگی کا ہے. جیسا کہ ہم اس کی پیروی کرتے ہیں، ہم متلاشی ہو بھی جائے گا."

یسوع نے کتھے وزیر بنن دا فیصلہ کیتا ؟

- جان 5:19، 20 - صفات نے ان کو یہ جواب دیا:
"میں تم سے سچ کہتا ہوں، بیٹا خود کچھ نہیں کر سکتے ہیں، انہوں نے صرف وہی کر وں گا کہ وہ کیا دیکھتا ہے اس کا والد کر سکتا ہے، کیونکہ جو کچھ بھی والد صاحب کا بیٹا بھی کرتا ہے کرتا ہے. والد بیٹے سے محبت کرتے ہیں اور اس کے تمام وہ کرتا ہے ظاہر کرتا ہے. جی ہاں، اس نے اسے اپنے کرنے کے لئے ان سے بھی زیادہ چیزوں کو دکھایا جائے گا."

"یسوع نے کہا کہ، 'میں نے خود کی طرف سے کچھ بھی نہیں کرتے'."

✋ دل پر ایک طرف رکھ دو اور سر ہلا 'نہیں'.

"یسوع نے کہا کہ، 'میں جہاں خدا کام کر رہی ہے کو دیکھنے کے لئے نظر آتے ہیں'."

✋ آنکھوں کے مقابلے میں ایک ہاتھ رکھو؛ تلاش بائیں اور دائیں.

"یسوع نے کہا کہ 'جہاں وہ کام کر رہا ہے، میں اس میں شامل ہے."

آپ کے سامنے میں ایک جگہ کی طرف پوائنٹ ہاتھ اور سر کے ہاں ہلا.

"یسوع نے کہا کہ 'اور میں جانتا ہوں کہ اس نے مجھ سے محبت کرتی ہے اور مجھے دکھایا جائے گا.''"

تعریف میں ہاتھ اوپر اٹھائے اور پھر آپ کے دل پر ان کے پار.

سانوں کنج فیصلہ کرنا چا هیدہ ہے ؟

- 1 جان 2:5، 6 - لیکن وہ لوگ جو خدا کا لفظ اطاعت واقعی دکھانے کے مکمل طور پر کس طرح انہوں نے اس سے پیار کرتا ہوں. یہی وجہ ہے کہ ہم کس طرح پتہ ہے کہ ہم اس میں رہ رہے ہیں. وہ لوگ جو کہتے ہیں کہ وہ خدا میں رہتے ہیں ان کی زندگی کے طور پر ح ضرت عیسی علیہ السلام نے کیا کرنا چاہئے.

"ہم نے فیصلہ وزیر کرنے کے لئے اسی طرح جہاں حضرت عیسی علیہ السلام نے کیا تھا:

"میں نے خود کی طرف سے کچھ بھی نہیں کرتے ہیں."

دل پر ایک طرف رکھ دو اور سر ہلا 'نہیں'.

"میں جہاں خدا کام کر رہی ہے کو دیکھنے کے لئے لگ رہے ہو."

آنکھوں کے مقابلے میں ایک ہاتھ رکھو؛ تلاش بائیں اور دائیں.

"کہاں وہ کام کر رہا ہے، میں اس میں شامل ہے."

✋ آپ کے سامنے میں ایک جگہ کی طرف پوائنٹ ہاتھ اور سر کے ہاں ہلا.

"اور میں جانتا ہوں کہ اس نے مجھ سے محبت کرتی ہے اور مجھے دکھایا جائے گا."

✋ تعریف میں ہاتھ اوپر اٹھائے اور پھر آپ کے دل پر ان کے پار.

سانوں کنج پتا لگو گا جو خداوند کم پیا کردہ ہے ؟

- جان 6:44 - مجھے کوئی نہیں آئے جب تک کہ باپ جس نے مجھے بھیجا ہے اسے ڈرا کر سکتے ہیں اور میں اسے آخری دن پر ضلع اٹھاؤنگا.

"اگر کوئی حضرت عیسی علیہ السلام کے بارے میں مزید سیکھنے میں دلچسپی ہے، تو آپ جانتے ہیں کہ خدا کے کام کر رہا ہے. جان 6:44 کہتے ہیں کہ صرف خدا ہی اپنے لوگوں کو لا سکتے ہیں. ہم سے سوال پوچھ، روحانی بیج بوتے ہیں، اور اگر وہاں ایک جواب ہے دیکھنا. اگر وہ دوبارہ ، ہم جانتے ہیں کہ خدا کے کام کر رہا ہے."

یسوع کتھے کم پے کردے نیں ؟

- لوقا 4:18 - 19 - رب کی روح مجھ پر ہے، کیونکہ وہ ابھیشیک مجھ غریب کو انجیل کی تبلیغ کرنا. انہوں نے مجھے بھیجا-کی ٹوپی ، اور نظروں سے اندھے بازیابی کی رہائی کا اعلان کرنے کے لئے، جو ان لوگوں کو مفت مظلوم ہیں، یہوا کے موافق سال اعلان کرنے کے لئے قائم کرنے کے لئے ہے.

1. غریب.
2. قیدی
3. بیمار (اندھے)
4. مظلوم.

"یسوع اور ان قسم کے لوگوں کے کرنے کے لئے وزراء. یہ یاد اہم ہے، تاہم، کہ انہوں نے وزیر ہر غریب شخص، یا ہر مظلوم شخص کے لئے نہیں. ہماری اپنی کوششوں میں ہم سب کی مدد کرنا چاہتے ہیں. یسوع نے والد صاحب کہاں کام کر رہا تھا کو دیکھنے کے لئے دیکھا اور اس میں شمولیت اختیار کی. ہم بھی ایسا ہی کرنے کی ضرورت ہے. اگر ہم ہر مظلوم شخص کو وزیر کرنے کی کوشش کریں، یہ اس بات کا یقین نشانی ہے ہم نے یہ سب خود کرنے کی کوشش کر رہے ہیں."

دوجی تھاں کیہڑی اے جتھے یسوع کم پے کردے نیں ؟

"کیا آپ کو معلوم ہے کہ خدا اپنے پورے خاندان سے محبت کرتا ہے؟ یہ اس کی مرضی ہے کہ وہ سب کو بچا لیا اور کی ہمیشگی اس کے ساتھ خرچ کر رہے ہیں. بائبل میں کئی مثالیں جب خدا نے ایک پورے خاندان کو بچایا یہ ہیں:

ڈیمن کے پاس 5 انسان کے نشان

"دانو کے پاس آدمی کو یکسر تبدیل کر دیا گیا تھا. انہوں نے حضرت عیسی علیہ السلام کے ساتھ جانا چاہتا تھا، لیکن صفات نے اس سے پوچھا ان کے خاندان کو واپس کرنے کے لئے اور ان سے کہو کہ کیا ہوا تھا. ارد گرد کے دیہات میں بہت سے لوگ جو یسوع کیا تھا میں حیران رہ گیا. انہوں نے جب خدا ایک شخص کو بچاتا ہے، ان کے ارد گرد بہت سے دوسروں کو بچانے کے لئے چاہتا ہے."

کرنےلیس پر کام کرتا-10

"خدا پیٹر کرنےلیس کے ساتھ بات کرنے کے لیے کہا تھا. جب پیٹر بات، روح القدس کرنےلیس اور جو پیغام سنا بھرا ہوا. کرنےلیس ایمان لائے، اور سب اس کے ارد گرد ان کے ساتھ ایمان لائے ہیں."

اعمال پر جیلر 16

"پولس اور سیلاس نے جیل میں رہے اگرچہ ایک زمین زلزلے کے جیل کے دروازے کو کھولنے کی وجہ سے. جیلر اس پر حیران رہ گیا اور پربو صفات پر خیال. خدا نے ان کے پورے گھر کو بچا لیا، اسی طرح ہے.

"کبھی نہیں دے مومن اور نماز کہ سب کو آپ کے خاندان میں محفوظ کیا جائے گا اور ہمیشگی ساتھ مل کر خرچ کرتے ہیں!"

یاد داشت آیت

- جان 12:26 - کوئی بھی جو میرے شاگرد بننا چاہتا ہے، مجھ پر عمل کریں ، کیونکہ میرے بندوں میں کہاں ہوں کرنی چاہیے. اور والد صاحب نے جو کو ئی بھی مجھ سے کام کرتا ہے کا احترام کرے گا.

- ہر کوئی کھڑا ہے اور ہے میموری آیت کا کہنا ہے کہ دس بار ایک ساتھ. پہلے سے چھ گنا، سیکھنے میں ان کے بائبل یا طالب علم کے نوٹوں کا استعمال کرتے ہیں. گزشتہ چار گنا، وہ میموری سے آیت کا کہنا ہے کہ. سیکھنے آیت ریفرنس کا کہنا ہے کہ اس سے پہلے کہ ہر بار وہ آیت قیمت بتاؤں اور وہ نیچے جب پنکھ بیٹھنا چاہئے.
- یہ میں مدد ملے گی پرشکشکوں کو جانتے ہیں جنہوں نے "پریکٹس" کے سیکشن میں لیس بیٹے ختم ہو گیا ہے.

مشق

- اس کے لئے ان کی نماز کے ساتھی کا سامنا بیٹھ کر سیکھنے والوں سے پوچھو. شراکت دار ایک دوسرے کو سبق سکھا موڑ لیتے ہیں.

"جوڑی میں سب سے زیادہ بھائیوں اور بہنوں کے ساتھ انسان کا رہنما ہے."

- 21 صفحے پر ٹریننگ تربیت کا طریقہ کار پر عمل کریں
- پر زور دیتے ہیں کہ آپ ان کو "مطالعہ" کے سیکشن میں سب کچھ بالکل جس طرح تم نے کیا سکھانا چاہتے ہیں.

"سوال پوچھیں، کلام ایک ساتھ پڑھیں، اور ایک سوالات اسی طرح ہے کہ میں آپ کے ساتھ کیا تھا."

- بعد ایک دوسرے سے سیکھنے کی تربیت کی مشق ہے، ان کو ایک نئے ساتھی اور پریکٹس کو دوبارہ حاصل کرنے کے لئے کہتے ہیں. کسی کے بارے میں سوچنا ہے کہ وہ تربیت کے باہر اس سبق کو شریک کرے گا روں کے سیکھنے سے پوچھو.

"کوئی آپ اس تربیت کے باہر سے یہ سبق سکھا سکتے ہیں کے بارے میں سوچنے کے لئے چند لمحات لے لو. اس سبق کے پہلے صفحے کے سب سے اوپر ہے کہ فی بیٹے کا نام لکھیں" .

اخیر

اعمال ۲۹ دا نقشہ - حصہ 2 ☙

"آپ کے اعمال پر 29 کا نقشہ، ڈرا، اور لیبل مقامات جہاں صفات کام کر رہی ہے. آپ کے نقشے پر کم از کم پانچ مقامات ہیں جہاں آپ کو معلوم ہے کہ حضرت عیسی علیہ السلام ہر جگہ پر کام کر رہی ہے اور ایک کراس متوجہ ہے کی شناخت کریں. لیبل کس طرح خدا نے اس علاقے میں کام کر رہی ہے."

MY ACTS 29
N
E
S
W
sick people
family
my friend
school
RIVER
RIVER
Bible school
Poor People
Military Base
Football Field
Lake

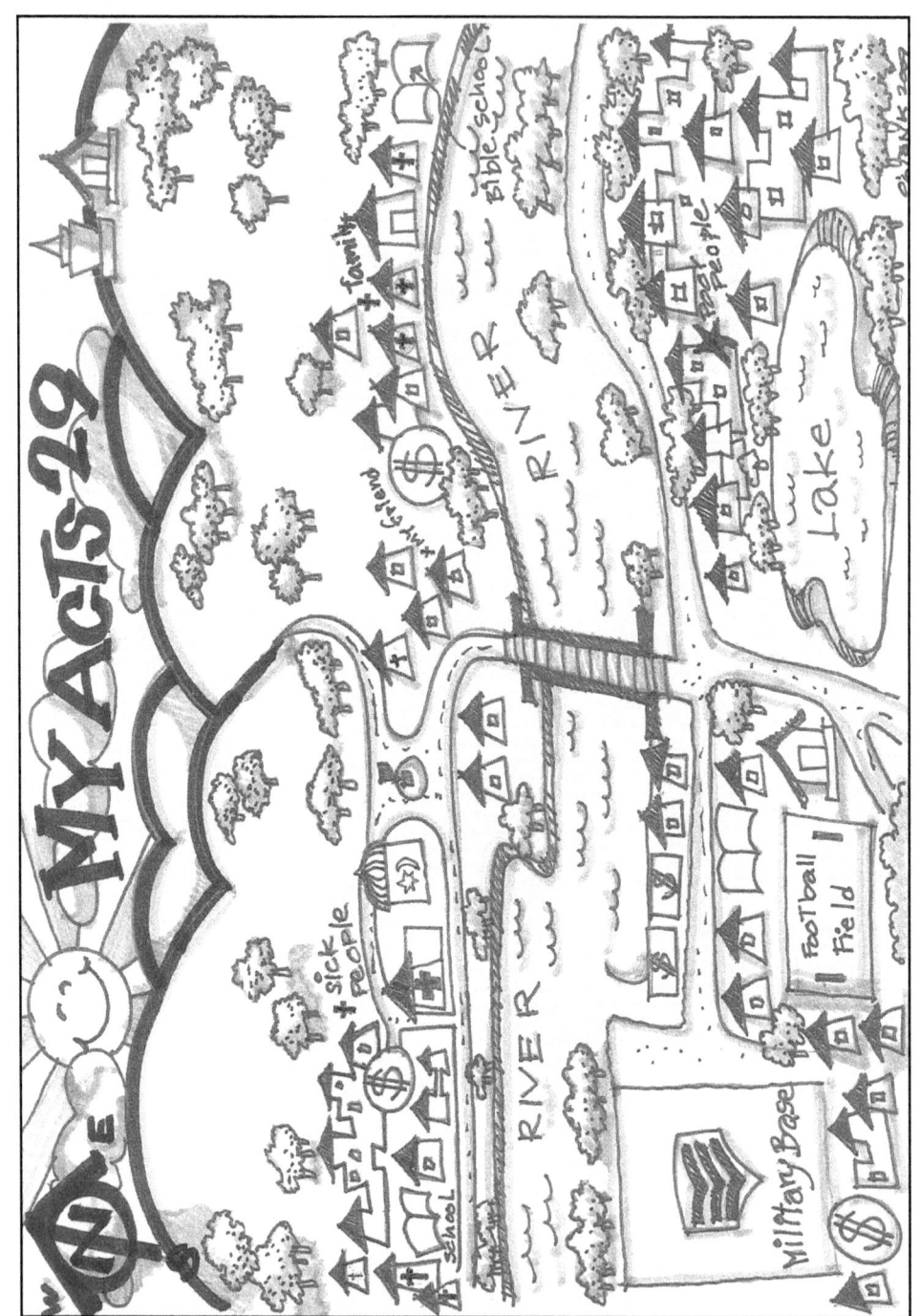

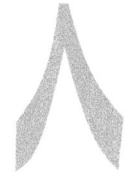

٨

ونڈو

حصہ ایک فوجی کے طور پر حضرت عیسی علیہ السلام متعارف کروایا: فوجیوں کو جنگ میں دشمن، مشقت برداشت، اور قیدیوں کو آزاد کر دیا. یسوع ایک سپاہی ہے، جب ہم اس کی پیروی کرتے ہیں، ہم فوجیوں ہو بھی جائے گا.

جیسے ہی ہم خدا ہیں جہاں وہ کام کر رہا ہے میں شامل ہے، ہم روحانی جنگ کا سامنا ہے. مومنوں شیطان کو شکست کس طرح کرتے ہیں؟ ہم یسوع کی موت کی طرف سے اسے صلیب پر شکست ہماری گواہی اشتراک، اور ہمارے عقیدے کے لئے مرنے کے لئے خوف زدہ نہیں.

ایک طاقتور گواہی میری زندگی کی کہانی اشتراک سے پہلے میں نے یسوع مسیح، کس طرح میں نے یسوع سے ملاقات کی، اور فرق یہ ہے کہ حضرت عیسی علیہ السلام کے ساتھ چلنے میری زندگی میں کر رہا ہے سے ملاقات بھی شامل ہے. سندیں زیادہ مؤثر ہوتے ہیں جب ہم تین یا چار منٹ کے لئے ہمارے اشتراک کو محدود ہیں، جب ہم ہمارے تبادلوں کی عمر (کیونکہ عمر سے فرق نہیں پڑتا) میں شریک نہیں، اور جب آسانی سے سمجھ ہم زبان کافروں کو استعمال کر سکتے ہیں.

ایک مقابلہ سیشن کے ساتھ ختم ہوتی ہے: جو 40 کھو لوگوں کو وہ جانتے ہیں کے نام سے سب سے زیادہ تیزی سے لکھ سکتے ہیں. انعامات پہلی، دوسری اور تیسری جگہ کے لئے دی گئی ہیں، لیکن بالآخر سب کو انعام مل جائے کیونکہ ہم سب "فاتحین" ہیں جب ہم جانتے ہیں کہ کس طرح ہماری گواہی دینے کے لئے.

حمد

- منڈلی دے ہر بندے لئی خداوند دی برکت سے سیدھاں منگو۔
- منڈلی وچوں کسے اِک دا ناؤں کجھ کورس یا حمداں گاؤن لئی دسو

نماز

- وہ ایک پارٹنر کے ساتھ نہیں ہے اس سے پہلے کسی کے ساتھ جوڑے میں سیکھنے کا انتظام.
- ان کے ساتھی کے ساتھ ہر سیکھنے کے حصص میں درج ذیل سوالات کے جواب:

1. ہم نے کھو دیا ہے لوگوں نے تمہیں بچایا جائے جانتے ہیں کے لئے کس طرح نماز ادا کر سکتے ہیں؟
2. ہم آپ گروپ کی تربیت کر رہے ہیں کے لئے کس طرح نماز ادا کر سکتے ہیں؟

- اگر ایک پارٹنر کی تربیت کی کسی کو بھی شروع نہیں کیا ہے، ان کے اثر و رسوخ کے دائرے میں پو لوگ وہ تربیت شروع کر سکتے ہیں کے لئے دعا کریں.
- شراکت دار ساتھ مل کر دعا کریں.

پڑھائی

جائزہ

جائزے مگروں ٹرینر یاں اپرنٹس سِکھلائی لین والیاں نوں جاری سبق بارے دسدا تے زور دیندا اے کہ اوہ گوہ نال سُنن کیونجے اگے جا کے اوہ آپے وی دوجیاں نوں سکھاؤن گے۔

آٹھ تصاویر اس کی مدد ہم سے عیسی علیہ السلام پر عمل کیا ہو؟

سپاہی، چاہونڑ ہار، ایالی، کاشت کار،پتر، صوفی ، خدمت گار، مختیار

ودھاؤ

تین باتیں ایک مینیجر کرتا ہے کیا ہیں؟
آدمی کو خدا کی پہلی کمانڈ کیا تھا؟
یسوع مسیح کے آخری آدمی کو کمانڈ کیا تھا؟
میں کس طرح نتیجہ خیز اور گنا ہو سکتا ہے؟
اسرائیل میں واقع دو سمندر ہیں؟
وہ کیوں ہیں اتنا مختلف ہے؟
آپ کون سا کی طرح بننا چاہتے ہیں؟

موہ کرو

تین باتیں ایک چرواہا کرتا ہے کیا ہیں؟
دوسروں کو سکھانے کے لئے سب سے اہم کمانڈ کیا ہے؟
محبت کہاں سے آتا ہے؟
سادہ عبادت کیا ہے؟
ہم سادہ عبادت کیوں ہے؟
یہ سادہ عبادت کرنے میں کتنے لوگوں کو لگتا ہے؟

دعا منگو

تین چیزوں کی ایک سنت آتی ہے کیا ہیں؟
ہم کس طرح ادا کرنا چاہئے؟
خدا نے ہمیں کس طرح جواب دیں گے؟
خدا کا فون نمبر کیا ہے؟

حکم منو

تین چیزوں کی ایک نوکر آتی ہے کیا ہیں؟
سب سے زیادہ اتھارٹی کون ہے؟
چار حکم دیتا ہے صفات ہر مومن کے لئے دیا ہے کیا ہیں؟
ہم یسوع کو کس طرح کی اطاعت کرنا چاہئے؟
ایک وعدہ صفات ہر مومن کے لئے دیا ہے کیا ہے؟

راہ چلو

تین چیزوں کا ایک بیٹا کرتا کیا ہیں؟
کیا یسوع کی وزارت میں طاقت کا منبع تھا؟
یسوع صلیب سے قبل روح القدس کے بارے میں وعدہ مومنوں کیا ہے؟
یسوع نے اس کے جی اٹھنے کے بعد روح القدس کے بارے میں وعدہ مومنوں کیا ہے؟
روح القدس کے بارے میں چار کی پیروی کرنے کا حکم دیتا ہے کیا ہیں؟

جاؤ

تین چیزوں ایک سالک کرتا ہے؟
حضرت عیسی علیہ السلام کس طرح کا فیصلہ کیا ہے جہاں وزیر؟
ہم وزیر جہاں فیصلہ کس طرح کرنی چاہیے؟
ہم جہاں خدا کام کر رہی ہے کس طرح جان سکتا ہے؟
حضرت عیسی علیہ السلام کہاں کام کر رہا ہے؟
دوسری جگہ کا یسوع کہاں جاتا ہے کام کر رہا ہے؟

یسوع کس طرح دے سن ؟

- میتھیو 26:53 - نہیں کیا تم جانتے ہو کہ میں اپنے والد سے پوچھنا، اور فورا اس نے مجھ سے فرشتوں کی بارہ سے زائد دوبارہ بھیج سک تے ہیں؟

"یسوع ایک فوجی ہے. انہوں نے ان کا دفاع کرنے کے لئے فرشتوں کے 12 دوبارہ فون کر سکتے ہیں کیونکہ وہ خدا

کی فوج کے چیف کمانڈر ہے. وہ روحانی جنگ میں شیطان کو مصروف اور بالآخر صلیب پر بری شکست دی ہے."

فوجی
✋ تلوار اٹھائے.

اک سپاہی کیہڑے تین کم کردہ ہے ؟

"خواندہ" نشان زد 1:12 - 15 - حق سے دور خدا کے روح نے یسوع صحرا میں جانا. انہوں نے چالیس دن کے لئے وہاں ٹھہرے رہے جبکہ شیطان نے اس کا تجربہ کیا ہے. یسوع نے جنگلی جانوروں کے ساتھ تھا، لیکن فرشتے اس کا خیال رکھا ہے. بعد جان کو گرفتار کر لیا گیا تھا، صفات نے گلیل کو گئے اور اچھی خبر بتایا ہے جو خدا کی طرف سے آتا ہے. انہوں نے کہا کہ "وقت آ گیا ہے! خدا کی بادشاہی یہاں جلد ہی ہو جائے گا. واپس اچھی خبر کو خدا اور یقین کرنے کے لئے بند کر دیں !

1. ‌فوجی جنگ دشمن ہے.

"یسوع نے دشمن کو لڑائی اور جیت بھی گئے."

2. سپاہیوں کی مشقت کا شکار ہیں.

"یسوع نے بہت سی چیزوں کا سامنا کرنا پڑا جبکہ وہ زمین پر تھا."

3. فوجی مفت قیدی مقرر.

"یسوع کی بادشاہی لوگوں کو مفت قائم کرنے کے لئے آ رہا تھا."

"یسوع ایک فوجی ہے. وہ روحانی جنگ میں خدا کی فوج اور توں شیطان کے حکم. یسوع مسیح نے صلیب پر ہمارے

لئے فتح حاصل کی ہے. جیسا کہ حضرت عیسی علیہ السلام
ہم میں رہتا ہے، ہم فاتح فوجیوں کے طور پر ہو جائے
گا. ہم روحانی جنگ لڑنے، مشقت تو براہ مہربانی ہمارے
کمانڈر کو تکلیف، اور مفت کو کیپ طے کرنے میں مدد."

اسی شیطان نوں کنج ہرا سگدے ان ؟

- وحی کی 12:11 - اور وہ میمنے کے خون کی
طرف سے اور ان کی گواہی کی طرف سے اسے
شکست دی ہے. اور وہ اپنی زندگی سے پیار
نہیں تھا اتنا کہ وہ مرنے سے ڈرتے تھے.

میمنے دے خوں نال

"ہم خون یسوع مسیح نے صلیب پر بہایا کی وجہ سے
شیطان پر قابو پانے. ہم اللہ تعالی اور جو کچھ وہ کیا ہے
کے ذریعے فاتح کے مقابلے میں زیادہ ہیں."

میمنے دا خون
مصلوب کے لیے آپ کی درمیانی انگلی سائن
زبان کے ساتھ اپنے ہاتھ کی دونوں ہتھیلیوں
کی طرف اشارہ ہے.

"یاد کے طور پر آپ کو روحانی جنگ کا سامنا ہے، کہ
یسوع صلیب پر شیطان کو ہرا دیا ہے! شیطان ہلاتا، کو،
اور کسی بھی وقت انہوں نے حضرت عیسی علیہ السلام کو
دیکھتا ہے روتا ہے. وہ صفات نے اس اکیلے چھوڑنے کے
لئے بھیک مانگ ہے.

"اچھی خبر یہ ہے ہے کہ یسوع ہمارے میں رہتا ہے. لہذا، شیطان جب بھی شیطان نے ہمیں میں حضرت عیسی علیہ السلام کو دیکھتا ہے، اور ہلانا شروع ہوتا ہے. وہ ایک بچے کی طرح روتا ہے! شیطان پیدا ہو جو یسوع نے صلیب پر کیا تھا کے ایک دشمن کو شکست دی ہے! چاہے کتنا مشکل چیزیں ہیں، ہم جیت جائے گا: یہ کبھی نہ بھولنا! ہم جیت جائیں گے! ہم جیت جائیں گے!"

ساڈی گواہی

"ہم ہمارے کے طاقتور ہتھیار کی طرف سے شیطان پر قابو پانے. کوئی کیا جیئ ہماری زندگی میں نے کیا کیا ہے ہمارے گواہی کے ساتھ بحث کر سکتے ہیں. ہم کسی بھی وقت اور کسی بھی جگہ پر اس ہتھیار کا استعمال کر سکتے ہیں."

گواہی

- منہ کے ارد گرد کپ کے ہاتھوں اگر آپ کے طور پر کسی سے بات کر رہے ہیں.

مرن توں نہ ڈرو

"خدا کے ساتھ ہمارا کی ہمیشگی محفوظ ہے. اس کے ساتھ رہنا شرط ہے، یہاں ہونا انجیل کو پھیلانے کے لئے ضروری ہے. ہم کھونا نہیں کر سکتے ہیں!"

مرن توں نہ ڈرو

- پلیس ایک ساتھ کلائی، کے طور پر اگر زنجیروں میں.

اک تگڑی گواہی کی اے ؟

یسوع نوں ملن توں پہلاں میری حیاتی

اس سے پہلے کہ
🖐 آپ کے سامنے بائیں جانب کے لئے پوائنٹ.

بیان "کیا آپ کی زندگی سے پہلے آپ کو ایک مومن بن گیا تھا. اگر آپ ایک عیسائی گھر میں پلی بڑھی ہیں، کافروں نے اس کو سن کیا ایک عیسائی گھر کی طرح ہے دلچسپ تلاش."

میں یسوع نال کنج ملیا؟

کس طرح
🖐 آپ کے سامنے میں مرکز کی طرف اشارہ ہے.

"کی وضاحت کریں کہ آپ کس طرح صفات میں یقین کرنے کے لئے اور اس پر عمل آیا تھا."

یسوع نوں ملن توں بعد میری حیاتی

🖐 اپنے دائیں جانب مڑیں اور ہاتھ اوپر اور نیچے منتقل کریں.

"بیان کیا یہ آپ کے تبادلوں سے اور کیا تم اس کے ساتھ آپ کے تعلقات کا مطلب ہے کے بعد سے حضرت عیسی علیہ السلام پر عمل کی طرح کیا گیا ہے."

اک سادہ جیا سوال پچھو

"تمہاری گواہی کے اختتام پر، اس شخص سے پوچھو، 'آپ یسوع مسیح کی پیروی کرنے کے بارے میں مزید سننا پسند کریں گے؟' یہ ہے 'خدا کے کام کاج؟ کیا' سوال ہے."

- پوائنٹ آپ کے مندر کے طور پر اگر آپ کے لئے کر رہے ہیں ایک کے بارے میں سوچ رہی ہے.

"اگر وہ کہتے ہیں کہ 'ہاں،' تمہیں پتہ ہے کہ خدا نے اس صورت حال میں کام کر رہی ہے. خدا صرف ایک ہے جو لوگوں کو اللہ تعالی خود مدد دیتی ہے. اس موقع پر حضرت عیسی علیہ السلام کی پیروی کے بارے میں ان کے ساتھ زیادہ اشتراک.

"اگر وہ کہتے ہیں 'نہیں' بھگوان کا کام کر رہا ہے لیکن وہ اس کا جواب دینے کے لئے تیار نہیں ہیں. ان سے پوچھو اگر تم ان کے لئے نعمت کے نماز ادا کر سکتے ہیں، ایسا کرتے ہیں، اور اپنے راستے پر جاری رکھیں."

عمل کرن لئی کجھ موٹیاں گلاں کیہریاں نیں ؟

اپنی گواہی نوں تین تے چار منٹ تیکر رکھو

"اس دنیا میں بہت سے کھو لوگ ہیں، اپنے ابتدائی گواہی کو محدود دیکھیں گے جو ذمہ دار ہے اور جو نہیں ہے کرنے میں مدد ملتی ہے. سب سے بڑھ کر، روح القدس کے اہم عمل کریں. نیا مومنوں صرف تین یا چار منٹ اور تین یا چار گھنٹے کے اشتراک کے تصور کے ساتھ زیادہ آرام دہ محسوس کرتی ہوں!

جدوں تسیں مومن بنے سو اوہ عمر نہ دسو

"تمہاری عمر ہے جب آپ کو عیسی علیہ السلام کے پیروکار بن گیا کوئی فرق نہیں ہے لیکن یہ ایک یر کو غلط پیغام بھیج جب آپ اپنی گواہی کو شریک کر سکتے ہیں. اگر وہ چھوٹی تم سے ہیں جب تم مومن بن گیا، ان کا خیال ہے، وہ بعد تک انتظار کر سکتے ہیں ہو سکتا ہے. اگر وہ بڑی عمر کے تم سے تھے جب تم مومن بن گئے ہیں، وہ سوچتے ہیں کہ وہ اپنے موقع کو یاد کیا ہو سکتا ہے. بائیبل کہتی ہے آج نجات کا دن ہے. تبادلوں پر آپ کی عمر عام طور پر کہہ صرف صورتحال ہے. "

عیساءیاں دی بولی نہ بولو

"بعد کے لوگوں کو بھی ایک مختصر وقت کے لیے مومنوں بن گئے ہیں، وہ زبان ہے کہ دوسری عیسائیوں کا استعمال کرتے ہیں لینے شروع. جملے، یا 'بھیڑ کے بچے کا خون دھونے' کی طرح 'نیچے گلیارے واک' یا 'میں مبلغ کرنے کے لئے بات کی تھی، ایک غیر ملکی زبان کی طرح کافروں کے لئے آواز. تو ہم نے ممکن حد تک بہت کم عیسائی زبان کے طور پر استعمال کرتے ہیں، وہ لوگ ہم سے ہماری گواہی کا اشتراک واضح طور پر طور کے طور پر ممکن انجیل کو سمجھ سکتا ہوں."

یاد داشت آیت

1 - 15:3 کرنتھیوں، 4 - کیا میں موصول میں سب سے پہلے اہمیت کے طور پر آپ پر منظور: کہ مسیح کلام کرنے کے مطابق ہمارے گناہوں ک ے لئے مر گئے کہ وہ دفن کیا گیا تھا، کہ وہ کے مطابق تیسرے دن پر اٹ ھایا گیا تھا کلام ...

- ہر کوئی کھڑا ہے اور ہے میموری آیت کا کہنا ہے کہ دس بار ایک ساتھ. پہلے سے چھ گنا، سیکھنے میں ان کے بائبل یا طالب علم کے نوٹوں کا استعمال کرتے ہیں. گزشتہ چار گنا، وہ میموری سے آیت کا کہنا ہے کہ. سیکھنے آیت کے آغاز پر آیت کا حوالہ کہنا اور جب فارغ بیٹھنا چاہئے.

مشق

- سیکھنے کا اعلان ہے کہ آپ انہیں ان کے نوٹ بک کا استعمال کرتے ہوئے خاکہ تم نے انہیں دیا ہے میں ان کی گواہی لکھ چاہتے ہیں. ان سے کہو کہ وہ 10 ایسا کرنے کا منٹ ہے، اور پھر آپ ان کی گواہی دینے کے لئے گروپ میں کسی کو فون کرنے جا رہے ہیں.
- 10 منٹ کے اختتام پر، سیکھنے ان کے قلم نیچے رکھ سے پوچھو. ان سے کہو کہ آپ کسی گروپ کو ان کی گواہی دینے کے لئے فون کرنے جا رہے ہیں. چند سیکنڈ روک دیں. اس کے بعد اعلان کیا، کہ آپ کے گروپ کو تمہاری گواہی دینے کے لئے جا رہے ہیں. راحت کا ایک عظیم سانس ہو جائے گا!
- اپنے اوپر کی آؤٹ لائن اور ہدایات کا استعمال کرتے ہوئے گواہی اشتراک کریں. آپ کی گواہی کے اختتام پر، آؤٹ لائن اور مرحلہ وار ہدایات کے ذریعے جاؤ، سیکھنے پوچھ رہے ہیں کہ آپ اپنی گواہی کو صحیح طریقے سے دیا.
- اس سبق کی "پریکٹس" کے حصہ کے دوران، آپ کو ایک گھڑی کو سیکھنے وقت کے لئے استعمال کریں گے. سیکھنے جوڑوں میں توڑنے اور انہیں یہ بتانا کہ وہ تین منٹ ہر ایک کے پاس ان کی گواہی کو اشتراک کرنے کے لئے.

" شخص کے رہنما، جو شخص سب سے پہلے جاتا ہوں گے."

- جوڑی می وقت پہلے شخص ہیں اور کا کہنا ہے کہ، تین منٹ کی نشان پر "روک". سیکھنے والوں سے پوچھو اگر ان کے پارٹنر کی آؤٹ لائن کی پیروی کی اور ایک طاقتور گواہی کے لئے چار ہدایات کا استعمال کیا. پھر تین منٹ کے لئے ان کی گواہی کو بانٹنے جوڑی میں دوسرا شخص اس سے پوچھو. پھر، کے تبصرے کا سیکھنے روں سے پوچھو.
- جب دونوں شراکت داروں کے مشترک ہے، ایک نئے ساتھی کو تلاش کرنے کے لئے براہ راست سیکھنے کا تعین، جو آواز، اور عمل ان کی گواہی کو دوبارہ اشتراک ہے. جوڑوں میں کم از کم چار گنا میں گروپ کو تقسیم کرنے کی کوشش کرو.
- ایک دوسرے کو سبق سکھا کے بعد، سیکھنے کو جن میں انہوں نے تربیت کے بعد اس سبق بانٹوگی کے ساتھ کسی کے سوچنے سے پوچھنا. کیا ان کے سبق کے پہلے صفحے کے سب سے اوپر دیئے گئے اس شخص کا نام لکھو.

☙ لوں تے کھنڈ ❧

آراء اوقات میں سے ایک کے دوران اس مثال سائز کرنے کے لئے استعمال کریں یہ دل سے اشتراک کرنے کے لئے کتنا اہم ہے.

"نئے سرے سے، پکا ہوا پھل ہمیشہ اتنا سوادج ہے! یہ میٹھا ہے اور خوشی سے آپ کا منہ برتا ہے! جب میں اناناس، کم اور میٹھی کے بارے میں کیا سوچتے ہیں، میرے منہ میں پانی بنا دیتا ہے.

"میں ایک راستہ ہے جس سے آپ کو پھل ذائقہ بہتر بھی کر سکتے ہیں، اگرچہ معلوم ہے! ایک تھوڑی سی چینی، نمک، یا مرچ مرچ شامل کریں.! تو پھر یہ واقعی مزیدار ہے! میں اب یہ صرف چکھا سکتا ہوں!

"اسی طرح، خدا کے کلام جب بھی آپ کو سبق سکھانے یا انجیل شریک ہیں، ہمیشہ اچھے صرف پھل کی طرح. ہم

چکھو اور دیکھتے ہیں کہ رب اچھا ہے. تاہم، یہ جب آپ کو اپنے جذبات کے ساتھ دل سے حصہ، پھل کرنے کے لئے چینی، نمک، یا مرچ مرچ شامل کرنے کی طرح ہے. یہ خاص طور پر مزیدار بناتا ہے!

"تو جب آپ کو اپنے ساتھی کے ساتھ اشتراک اس اگلی بار کر رہے ہیں، میں آپ کو آپ کیا کہتے ہیں بہت نمک، چینی، یا کالی مرچ کے شامل کرنے کے لئے چاہتے ہیں."

اخیر

کون بری تیزی نال چالہی گواچے لوکاں دی لسٹ بنا سگدا ہے ؟

- ہر ایک سے 40 تک ان کے نوٹ بک اور نمبر لے سے پوچھو.

"ہم ایک مقابلہ کرنے کے لئے جا رہے ہیں. ہم انعامات پہلی، دوسری، تیسری اور جگہوں کے لئے دے دیا جائے گا."

- سب کہ جب تم کہتے ہو کہو، وہ نیچے 40 کافروں وہ جانتے ہیں کے نام لکھنے ہیں "جاؤ!". اگر وہ ان کے نام یاد نہیں کر سکتے، انہوں نے "نائی" یا کچھ اس طرح لکھنا اس بات کا یقین کریں کہ کوئی بھی شروع ہوتا ہے اس سے پہلے کہ آپ کا کہنا ہے کہ جا کر سکتے ہیں "ڈاکیا".
- کچھ جب تم - دیتے ہیں شروع کرنے کے لئے لالچ میں آ جائے گا. یہ سیکھنے ہوا میں ان کے قلم جبکہ آپ کے ہدایات دے رہے ہیں بلند کرنے میں مدد ملتی ہے.
- مقابلہ شروع کریں اور پاس لوگ کھڑے ہیں جب وہ ان کی فہرست ختم کر دیا ہے. پہلی، دوسری اور تیسری جگہ کو انعام دیں.

"دو وجوہات کی بنا پر ہیں مومنوں دیتے ہیں کہ وہ اپنے عقیدے کے اشتراک نہیں کر سکتے ہیں: وہ کیسے پتہ نہیں ہے، اور وہ جن کے ساتھ نہیں جانتے انجیل اشتراک کرنے کے لئے کرتے ہیں. اس سبق میں، ہم دونوں مسائل کا حل ہے. اب آپ جانتے ہیں کس طرح انجیل اشتراک اور جس کے اشتراک کے ساتھ لوگوں کی ایک فہرست ہے"

- سیکھنے پانچ افراد کے ساتھ دیئے گئے ایک ستارہ ان کی فہرست میں ڈال دیا جن کے ساتھ وہ ان کی گواہی کو شریک کرے گا پوچھو. اگلے ہفتے کے دوران انہیں ایسا کرنے کی حوصلہ افزائی کرنا.

"آپ کے ہاتھ میں دیکھو. آپ کی پانچ انگلیاں آپ کو پانچ کھو لوگ آپ کو ہر دن کے لیے نماز ادا کر سکتے ہیں یاد کر سکتے ہیں. جب آپ برتن دھونے، لکھ رہے ہیں، یا کمپیوٹر پر ٹائپ، آپ کے ہاتھ پر پانچ انگلیوں کے آپ کے لئے دعا یاد دلاتے ہیں."

- وقت بلند اواز میں ان کی فہرست میں کھو لوگوں کے لئے ایک گروپ کے طور پر نماز ادا کرنے کے لئے خرچ سیکھنے والوں سے پوچھو.
- نماز وقت کے بعد ہر ایک کو انعام کے طور پر چاکلیٹ کا ایک ٹکڑا دیتے ہیں، کہا، "ہم سب فاتح ہیں اب کیونکہ ہم جانتے ہیں کہ کس طرح انجیل اور جو کہ ہماری زندگی میں کے ساتھ اشتراک کرنے کے لئے اشتراک کرنے کے لئے."

MY ACTS 29
N
E
S
W
sick people
school
my friend
family
RIVER
RIVER
Bible school
Military Base
Football Field
Lake
Poor People
People to share gospel with

۹

بیجو

بونا ایک r کے طور پر حضرت عیسی علیہ السلام متعارف کروایا پلانٹ کے بیج، اپنے کھیتوں کرتے ہیں، اور ایک عظیم فصل میں آننديت. یسوع ایک ہے اور وہ ہم میں رہتا ہے، جب ہم اس کی پیروی، ہم کو ہو گی. جب ہم ایک چھوٹا سا بونا، ہم ایک چھوٹی سی کاٹنا. جب ہم بہت بونا، ہم زیادہ کاٹنا.

ہم لوگوں کی زندگی میں کیا بونا چاہیے؟ صرف سادہ کا سخبار ان کو تبدیل اور ان کو خدا کے خاندان کو واپس لا سکتا ہے. ایک دفعہ ہم جانتے ہیں کہ خدا ایک انسان کی زندگی میں کام کر رہی ہے، ہم ان کے ساتھ سادہ سخبار اشتراک. ہم جانتے ہیں کہ یہ خدا کی طاقت ہے کہ وہ ان کو بچانے کے لئے ہے.

حمد

- منڈلی دے ہر بندے لئی خداوند دی برکت سے سیدھاں منگو۔
- منڈلی وچوں کسے اِک دا ناؤں کجھ کورس یا حمداں گاؤن لئی دسو

عبادت

- وہ ایک پارٹنر کے ساتھ نہیں ہے اس سے پہلے کسی کے ساتھ جوڑے میں سیکھنے کا انتظام.
- ان کے ساتھی کے ساتھ ہر سیکھنے کے حصص میں درج ذیل سوالات کے جواب:

1 - ہم نے کھو دیا ہے لوگوں نے تمہیں بچایا جائے جانتے ہیں کے لئے کس طرح نماز ادا کر سکتے ہیں؟
2 - ہم آپ گروپ کی تربیت کر رہے ہیں کے لئے کس طرح نماز ادا کر سکتے ہیں؟

- اگر ایک پارٹنر کی تربیت کی کسی کو بھی شروع نہیں کیا ہے، ان کے اثر و رسوخ کے دائرے میں پو لوگ وہ تربیت شروع کر سکتے ہیں کے لئے دعا کریں.
- شراکت دار ساتھ مل کر دعا کریں.

پڑھائی

جائزہ

جائزے مگروں ٹرینر یاں اپرنٹس سِکھلائی لین والیاں نوں جاری سبق بارے دسدا تے زور دیندا اے کہ اوہ گوہ نال سُنن کیونجے اگے جا کے اوہ آپے وی دوجیاں نوں سکھاؤن گے۔

آٹھ تصاویر اس کی مدد ہم سے عیسی علیہ السلام پر عمل کیا ہو؟
سپاہی، چاہونڑ ہار، ایالی، کاشت کار،پتر، صوفی ، خدمت گار، مختیار

ودھاؤ
تین باتیں ایک مینیجر کرتا ہے کیا ہیں؟
آدمی کو خدا کی پہلی کمانڈ کیا تھا؟
یسوع مسیح کے آخری آدمی کو کمانڈ کیا تھا؟
میں کس طرح نتیجہ خیز اور گنا ہو سکتا ہے؟
اسرائیل میں واقع دو سمندر ہیں؟
وہ کیوں ہیں اتنا مختلف ہے؟
آپ کون سا کی طرح بننا چاہتے ہیں؟

موہ کرو
تین باتیں ایک چرواہا کرتا ہے کیا ہیں؟
دوسروں کو سکھانے کے لئے سب سے اہم کمانڈ کیا ہے؟
محبت کہاں سے آتا ہے؟
سادہ عبادت کیا ہے؟
ہم سادہ عبادت کیوں ہے؟
یہ سادہ عبادت کرنے میں کتنے لوگوں کو لگتا ہے؟

دعا منگو
تین چیزوں کی ایک سنت آتی ہے کیا ہیں؟
ہم کس طرح ادا کرنا چاہئے؟
خدا نے ہمیں کس طرح جواب دیں گے؟
خدا کا فون نمبر کیا ہے؟

حکم منو
تین چیزوں کی ایک نوکر آتی ہے کیا ہیں؟
سب سے زیادہ اتھارٹی کون ہے؟
چار حکم دیتا ہے صفات ہر مومن کے لئے دیا ہے کیا ہیں؟
ہم یسوع کو کس طرح کی اطاعت کرنا چاہئے؟
ایک وعدہ صفات ہر مومن کے لئے دیا ہے کیا ہے؟

راہ چلو
تین چیزوں کا ایک بیٹا کرتا کیا ہیں؟
کیا یسوع کی وزارت میں طاقت کا منبع تھا؟
یسوع صلیب سے قبل روح القدس کے بارے میں وعدہ مومنوں کیا ہے؟

سُچے پرچارک بناؤنا

یسوع نے اس کے جی اٹھنے کے بعد روح القدس کے بارے میں وعدہ مومنوں کیا ہے؟
روح القدس کے بارے میں چار کی پیروی کرنے کا حکم دیتا ہے کیا ہیں؟

جاؤ

تین چیزوں ایک سالک کرتا ہے؟
حضرت عیسی علیہ السلام کس طرح کا فیصلہ کیا ہے جہاں وزیر؟
ہم وزیر جہاں فیصلہ کس طرح کرنی چاہیے؟
ہم جہاں خدا کام کر رہی ہے کس طرح جان سکتا ہے؟
حضرت عیسی علیہ السلام کہاں کام کر رہا ہے؟
دوسری جگہ کا یسوع کہاں جاتا ہے کام کر رہا ہے؟

ونڈو

تین چیزوں کی ایک فوجی آتی ہے کیا ہیں؟
ہم شیطان کی شکست کس طرح کروں؟
کیا ایک طاقتور گواہی خاکہ ہے؟
کچھ اہم ہدایات پر عمل کیا ہیں؟

یسوع کس طرح دے سن ؟

- میتھیو 13:36، 37 - پھر انہوں نے (عیسی علیہ السلام) بھیڑ کو چھوڑ دیا اور گھر میں گیا اور اس کے چیلے اس کے پاس آیا اور کہا، اور انہوں نے کہا کہ، "ہم سے میدان کے کی مثال بیان کیجیے." "ایک جو اچھی بیج ہے انسان کا بیٹا ہے ..." (BSAN کے)

"یسوع کٹائی کی ایک اور رب ہے."

کاشت کار
بکھیر بیج ہاتھ سے.

اک کاشت کار کیہڑے تین کم کردا اے ؟

- نشان زد 4:26 29 - پھر حضرت عیسی علیہ السلام نے کہا: کیا جب ایک کسان ایک کھیت میں بیج ہے ہوتا ہے جیسے خدا کی بادشاہی ہے. کسان رات کو سوتا ہے اور دن کے دوران اور اس کے ارد گرد ہے. ابھی تک کے بیج اور بڑھتی ہوئی رہو، اور وہ کس طرح سمجھ میں نہیں آ رہا ہے. یہ زمین کرتا ہے کہ بیج انکر اور پودوں کہ اناج کی پیداوار میں اگاتے ہے. پھر کسان جب فصل کا موسم آتا ہے، اور اناج پک ہے، یہ ایک ہنسیا کے ساتھ کاٹتا ہے. (VEC)

1. کاشت کار اچھے بیج پلانٹ کی.
2. کاشت کار ان کے میدان ہیں.
3. کاشت کار ایک فصل کی توقع

"یسوع ہمارے میں ایک کی اور وہ اس کی زندگی کا ہے. انہوں نے ہمارے دلوں میں اچھے بیج پودے، جبکہ شیطان برا بیج پلانٹ کو چاہتا ہے. بیجوں کہ حضرت عیسی علیہ السلام کے پودوں ابدی زندگی کی طرف لے جاتی ہے. جب ہم اس کی پیروی، ہم کے ساتھ ہی ہو جائے گا. ہم نے انجیل کے اچھے بیج رکھنے جائے گا. ہم میدان ہے جہاں خدا نے ہمیں بھیجا ہے دیتے ہیں، اور ہم نے ایک عظیم فصل کی توقع کرے گا جائے گا."

سادہ انجیل کی اے ؟

- لیوک 24:1 7 - ہفتے کے پہلے دن پر، صبح میں بہت جلد، خواتین مصالحے وہ بھی تیار کیا تھا لے لیا اور قبر کے پاس گیا. انہوں نے م حسوس کیا پتھر دور قبر سے نافذ ہے، لیکن جب وہ داخل ہوئے، انہوں نے خداوند یسوع کی لاش نہیں مل سکا. جبکہ وہ اس کے بارے میں س وچ رہے تھے، اچانک کپڑے ہے کہ بجلی کی طرح میں دو مردوں کو ان کے پاس

کھڑے ہو گئے. ان کے ڈر میں خواتین کو ان ے
چہرے ک ے ساتھ زمین پر دنڈوت، لیکن مردوں نے
ان سے کہا،" مردہ کے درمی ان رہنے کے لئے کیوں
کرتے نظر آتے ہیں؟ وہ یہاں نہیں ہے، وہ پہنچ چکے
ہیں! یاد رکھیں کہ کس طرح اس نے تم سے کہا تھا،
جبکہ وہ آپ کے ساتھ گلیل میں اب بھی تھا: "انسان
کا پترا پاپیوں کے ہاتھ میں ہونے والا ہونا چاہئے،
مصلوب اور تیسرے دن پر دوبارہ اٹھایا جائے.'

پہلا...

"خدا ایک کامل دنیا کو پیدا کیا."

اپنے ہاتھوں سے ایک بڑے دائرے کی مانند بنائیں.

"انہوں نے آدمی کو اس کے خاندان کا ایک حصہ ہے."

ہک ایک دوسرے کے ساتھ ہاتھ.

دوجا...

"انسان خدا کی نافرمانی اور گناہ اور دنیا میں مبتلا لائے."

مٹھی کو بلند کرنے اور لڑنے کا ڈرامہ

"تو آدمی خدا کے خاندان کو چھوڑنا پڑا."

ہک ہاتھ کے ساتھ اور پھر انہیں دور ھینچو.

تیجا...

"خدا اور اس کا بیٹا عیسی علیہ السلام کو زمین پر بھیجا. وہ
ایک کامل زندگی رہتے تھے."

🖐 سر کے اوپر سے ہاتھ اٹھائے اور ایک ادومھی تحریک بنا.

انہوں نے کہا کہ یسوع ہمارے گناہوں کے لئے صلیب پر مر گیا."

🖐 یر کی مٹھی میں ہر ہاتھ کی درمیانی انگلی رکھ دو.

انہوں نے دفن کیا گیا تھا."

🖐 بائیں ہاتھ سے دائیں کہنی کو دبا کر رکھیں اور نے دفن اگر دائیں ہاتھ واپس وارڈ میں منتقل.

"خدا نے تیسرے دن پر زندگی کے لئے اسے اٹھایا."

🖐 بازو تین انگلیوں کے ساتھ واپس اوپر اٹھاو.

انہوں نے کہا کہ خدا ہمارے گناہوں کے لئے حضرت عیسی علیہ السلام کی قربانی کو دیکھا اور اسے قبول کر لیا ہے."

🖐 ہاتھ جاوک کا سامنا کھجوروں کے ساتھ نیچے لے آو. اس کے بعد، آپ کی باہوں میں اضافہ اور آپ کے دل پر ان کے پار.

چوتھا ...

"وہ لوگ جو یقین ہے کہ یسوع خدا کا بیٹا ہے اور ان کے گناہوں کے لئے قیمت ادا کی ہے ..."

🖐 ایک جس میں آپ کو یقین ہے کہ ہاتھ اٹھائے.

"... ان کے گناہوں کی توبہ ..."

🖐 کھجوروں جاوک چہرہ تبرکشن کر رہے ہیں، سر دور کر دیا.

"... اور بچ جائے پوچھنا ہے ..."

✋ کپ ہاتھ.

"... خدا کے خاندان کو واپس خیر مقدم کر رہے ہیں."

✋ ہک ایک دوسرے کے ساتھ ہاتھ.

"کیا تم خدا کے خاندان سے واپس آنے کے لئے تیار ہیں؟ چلو ایک ساتھ نماز. خدا سے کہو کہ آپ کو یقین ہے کہ وہ ایک کامل دنیا پیدا کیا ہے اور اس کا بیٹا بھیجا اپنے گناہوں کے لئے مرنے کے لئے. اپنے گناہوں کی توبہ ہے، اور اسے آپ کو ان کے میں واپس حاصل پوچھو."

- اہم! اس وقت اس بات کا یقین کرنے کے لئے کہ تمام لوگوں کو آپ کی تربیت کر رہے ہیں واقعی مومن ہو لے لو. ان کے ایک سوال کے جواب کا موقع دو، "کیا تم خدا کے خاندان سے واپس آنے کے لئے تیار ہیں؟"
- سادہ انجیل ڈیمو سیکھنے کے ساتھ کئی بار دہرائیں جب تک وہ ترتیب میں مہارت. ہمارے تجربے میں سب سے زیادہ مومنوں کو جانتے ہیں، کہ کس طرح ان کے عقیدے اشتراک کرنے کے لئے نہیں کرتے، تو آپ کا وقت اس بات کا یقین کر لیں کہ ہر کسی کو سادہ انجیل کے معنی کے بارے میں واضح ہے کر لے.
- مدد سیکھنے کو "تعمیر" سبق کی طرف سے ترتیب اور ہاتھ کے التواء کی مہارت. پہلے نقطہ کے ساتھ شروع اور اسے کئی بار دہرانے کی. اس کے بعد، دوسری بات میں شریک ہے اور یہ کئی بار دوبارہ. اس کے بعد، پہلی نقطہ اور دوسری ایک ساتھ پوائنٹ کئی بار جائزہ لیں. اس کے بعد، تیسری نقطہ اشتراک اور یہ کئی بار دہرانے کی. اس کے بعد، ایک نقطہ، دو نقطہ، اور تینوں ایک ساتھ پوائنٹ کیا. آخر میں، سیکھنے نقطہ چار پڑھاتے ہیں اور اسے کئی بار کا جائزہ لیں. سیکھنے ہاتھ کے التواء کے ساتھ پوری ترتیب کو کئی بار دہرانے کی مہارت کا مظاہرہ کرنے کے قابل ہونا چاہئے.

یاد داشت آیت

- لوقا 8:15 - لیکن اچھی زمین پر بیج ایک عظیم اور اچھے دل کے ساتھ ان لوگوں کے، جو لفظ سن کے لئے کھڑا ہے، اسے برقرار رکھنے، اور یقین کی اپج کی طرف سے ایک فصل.

- ہر کوئی کھڑا ہے اور ہے میموری آیت کا کہنا ہے کہ دس بار ایک ساتھ. پہلے سے چھ گنا، سیکھنے میں ان کے بائبل یا طالب علم کے نوٹوں کا استعمال کرتے ہیں. گزشتہ چار گنا، وہ میموری سے آیت کا کہنا ہے کہ. سیکھنے آیت ریفرنس کا کہنا ہے کہ اس سے پہلے کہ ہر بار وہ آیت قیمت بتاؤں اور وہ نیچے جب پنکھ بیٹھنا چاہئے.

مشق

- براہ مہربانی پڑھیں! بونا سبق کی مشق کا حصہ دوسرے پریکٹس کے اوقات سے مختلف ہے.
- سیکھنے ان کی نماز کی پارٹنر کا سامنا کھڑے کرنے کے لئے کہو. دونوں سیکھنے سادہ انجیل کے ساتھ دوبارہ جبکہ ہاتھ التواء کو کارکردگی کا مظاہرہ کرنا چاہئے.
- جب پہلے جوڑے ختم، سب ایک دوسرے کے ساتھی کی تلاش، ایک دوسرے سے کھڑے کا سامنا، اور ہاتھ کے التواء کے ساتھ سادہ انجیل کے ساتھ کہنا.
- دوسرے جوڑے کے ختم کے بعد، سیکھنے نئے شراکت داروں کی تلاش جاری رہے یہاں تک کہ وہ آسان نے کہا ہے ہاتھ کے التواء کے ساتھ آٹھ شراکت داروں کے ساتھ کرنا چاہئے.
- جب سیکھنے کو ان کے آٹھویں ساتھی کے ساتھ ختم کیا ہے، ہر کسی کو کے ایک گروپ کے طور پر ہاتھ کے التواء کے ساتھ سادہ انجیل کا کہنا ہے کہ پوچھنا. تم کتنا بہتر وہ اس کی سرگرمی کے بعد وہ کتنی بار کی مشق کر سکتے ہیں حیران رہ جائے گا!

انجیل دا بیج سٹن نوں یاد رکھو !

"، انجیل بیج رکھنے یاد رکھیں! اگر آپ بیج رکھنے نہیں، وہاں کوئی فصل نہیں ہو گا. اگر آپ صرف ایک چند بیج پلانٹ، تو آپ ایک چھوٹا سا فصل پڑے گا. اگر آپ کو بہت سے بیج پلانٹ، تو خدا نے ایک بڑی فصل کے ساتھ آپ کا بھلا کرے گا. کٹائی کی تم کس طرح چاہتے ہیں؟

"جب آپ کسی سے پوچھیں گے کہ وہ یسوع مسیح کی پیروی کرنے کے بارے میں مزید جاننا چاہوں گا اور وہ کہتے ہیں" ہاں "، تو یہ انجیل بیج پلانٹ کو وقت ہے. خدا ان کی زندگی میں کام کر رہا ہے!

"انجیل بیج بونا! نہیں بوائی کوئی فصل نہیں =. یسوع ایک ہے اور وہ ایک بڑی فصل کے لئے لگ رہا ہے.

"کوئی آپ اس تربیت کے باہر سے یہ سبق سکھا سکتے ہیں کے بارے میں سوچنے کے لئے چند لمحات لے لو. اس سبق کے پہلے صفحے کے سب سے اوپر ہے کہ فی بیٹے کا نام لکھو.

اخیر

اعمال ۲۹ : ۲۱ کتھے نیں ؟ ✑

"آپ میں 29:21 اعمال کرنے کے لئے مڑیں."

- سیکھنے کا کہنا ہے کہ وہاں صرف اعمال کی کتاب میں بیس آٹھ ابواب ہیں.

"میرے بائبل اعمال 29 ہے."

- کیا کئی سیکھنے کو آگے آنا نقطہ ان میں 28 باب کے آخر میں ہیں اور کا کہنا ہے کہ وہ 29 پر کام کرتا ہے، کے ساتھ ساتھ.

"اب '29 پر کام کرتا ہے' رہا ہے. خدا کو ایکارڈ کیا روح القدس ہمارے ذریعے کر رہا ہے، اور کسی دن ہم اسے پڑھنے کے قابل ہو جائے گا. کیا آپ یہ کہنا چاہتے ہو؟ آپ کی بصیرت کیا ہے؟ نقشہ ہم پر کام کر رہا ہے، خدا ہماری زندگی میں کیا کرنا چاہتا ہے ہمارے اور بصیرت '29 کا نقشہ پر کام کرتا ہے'. میں آپ کے ساتھ میرے اعمال 29 ویژن کو شریک کرنا چاہوں گا."

- گروپ کے ساتھ اپنے "کام کرتی ہے 29 وژن" اشتراک کریں. کافروں اور مومنوں: لوگوں کی دو اقسام کے تصور کو شامل کرنے کے لئے اس بات کا یقین ہو. خدا نے ہمیں اقوام متحدہ کی مومنوں کے ساتھ انجیل اشتراک کرنے کے لئے چاہتا ہے اور ٹرین مومنوں کس طرح مسیح کی پیروی کرنے کے لئے اور ان کے عقیدے کا اشتراک ہے.

ہمارے اعمال 29 نقشہ جات کراس حضرت عیسی علیہ السلام کی نمائندگی کرتے ہیں ہمیں لے جانے کے لئے بلایا ہے. اب ہم ہمارے نقشے کو پیش کرنے، ایک دوسرے کے لئے نماز، اور ہماری زندگی ارتکاب یسوع مسیح کی پیروی کرنے کی ایک مقدس وقت میں داخل کرنا چاہتے ہیں."

اعمال ۲۹ دا نقشہ- حصہ3

- سیکھنے کو ان کے نقشے پر نئی چیلا گروپوں کے لئے کم از کم تین ممکن مقامات کے چکر سے پوچھو. انہوں نے اس دائرے کے سوا ممکن گروپ لیڈر ہے، اور ممکن میزبان خاندان کو لکھنا چاہیے.
- اگر وہ پہلے سے ہی ایک گروپ شروع کر دیا ہے، اور انہیں اس نقشے پر ڈال جشن منانے کے. اگر وہ ایک گروپ

نے ابھی تک شروع نہیں کیا ہے مدد، ان کے خیال ہے جہاں خدا نے کام کر رہی ہے.

- یہ آخری بار سیکھنے ان کے نقشے سے پہلے انہوں نے ان سے پیش کرنے کے لئے تیار ہے. اضافی وقت ضرورت کے مطابق کی اجازت دیں.

۱۰

صلیب چک لو

اوپر لے لو سیمینار کے لئے بند سیشن ہے. یسوع نے ہمیں کمانڈ نے ہماری کراس کرنے کے لئے لے اور اسے ہر دن پر عمل کریں. پر کام کرتا ہے 29 کا نقشہ کراس ہے کہ یسوع نے ہر سیکھنے کے لے جانے کے لئے بلایا ہے کی ایک تصویر ہے.

اس آخری اجلاس میں، سیکھنے میں ان کے اعمال کو 29 گروپ میں کا نقشہ پیش کریں. ہر ایک پریزنٹیشن کے بعد گروپ پرستتکرتا پر ہاتھ دیتی ہے اور 29 کا نقشہ، خدا کی نعمت کے لئے نماز اور ان کا وزارت پر ابھیشیک کا کام کرتا ہے. گروپ تو کمانڈ بار بار پرستتکرتا کو چیلنج، "آپ کے پار لے لو، اور یسوع مسیح، کی پیروی" تین بار. سیکھنے والوں کو ان کے اعمال کے نتیجے میں 29 کا نقشہ پیش ہے جب تک تمام ختم کر دیا ہے.
تربیت وقت ایک تسلیم شدہ روحانی رہنما کی جانب سے کے چیلوں اور بند ہونے کی نماز کے لئے بنانے کا عزم کی عبادت کے گیت کے ساتھ ختم ہو جاتی ہے.

حمد

- منڈلی دے ہر بندے لئی خداوند دی برکت سے سیدھاں منگو۔
- منڈلی وچوں کسے اِک دا ناؤں کجھ کورس یا حمداں گاؤن لئی دسو

عبادت

- گروپ میں ایک تسلیم شدہ روحانی رہنما عزم کے اس خاص وقت پر خدا کی نعمت کے لئے نماز ادا کرنے کے لئے پوچھو.

جائزہ

جائزے مگروں ٹرینر یاں اپرنٹس سِکھلائی لین والیاں نوں جاری سبق بارے دسدا تے زور دیندا اے کہ اوہ گوہ نال سُنن کیونجے اگے جا کے اوہ آپے وی دوجیاں نوں سکھاؤن گے۔

آٹھ تصاویر اس کی مدد ہم سے عیسی علیہ السلام پر عمل کیا ہو؟

سپاہی، چاہونڑ ہار، ایالی، کاشت کار،پتر، صوفی ، خدمت گار، مختیار

ودھاؤ

تین باتیں ایک مینیجر کرتا ہے کیا ہیں؟
آدمی کو خدا کی پہلی کمانڈ کیا تھا؟
یسوع مسیح کے آخری آدمی کو کمانڈ کیا تھا؟
میں کس طرح نتیجہ خیز اور گنا ہو سکتا ہے؟
اسرائیل میں واقع دو سمندر ہیں؟
وہ کیوں ہیں اتنا مختلف ہے؟
آپ کون سا کی طرح بننا چاہتے ہیں؟

صلیب چک لو

موہ کرو
تین باتیں ایک چرواہا کرتا ہے کیا ہیں؟
دوسروں کو سکھانے کے لئے سب سے اہم کمانڈ کیا ہے؟
محبت کہاں سے آتا ہے؟
سادہ عبادت کیا ہے؟
ہم سادہ عبادت کیوں ہے؟
یہ سادہ عبادت کرنے میں کتنے لوگوں کو لگتا ہے؟

دعا منگو
تین چیزوں کی ایک سنت آتی ہے کیا ہیں؟
ہم کس طرح ادا کرنا چاہئے؟
خدا نے ہمیں کس طرح جواب دیں گے؟
خدا کا فون نمبر کیا ہے؟

حکم منو
تین چیزوں کی ایک نوکر آتی ہے کیا ہیں؟
سب سے زیادہ اتھارٹی کون ہے؟
چار حکم دیتا ہے صفات ہر مومن کے لئے دیا ہے کیا ہیں؟
ہم یسوع کو کس طرح کی اطاعت کرنا چاہئے؟
ایک وعدہ صفات ہر مومن کے لئے دیا ہے کیا ہے؟

راہ چلو
تین چیزوں کا ایک بیٹا کرتا کیا ہیں؟
کیا یسوع کی وزارت میں طاقت کا منبع تھا؟
یسوع صلیب سے قبل روح القدس کے بارے میں وعدہ مومنوں کیا ہے؟
یسوع نے اس کے جی اٹھنے کے بعد روح القدس کے بارے میں وعدہ مومنوں کیا ہے؟
روح القدس کے بارے میں چار کی پیروی کرنے کا حکم دیتا ہے کیا ہیں؟

جاؤ

تین چیزوں ایک سالک کرتا ہے؟
حضرت عیسی علیہ السلام کس طرح کا فیصلہ کیا ہے جہاں وزیر؟
ہم وزیر جہاں فیصلہ کس طرح کرنی چاہیے؟
ہم جہاں خدا کام کر رہی ہے کس طرح جان سکتا ہے؟
حضرت عیسی علیہ السلام کہاں کام کر رہا ہے؟
دوسری جگہ کا یسوع کہاں جاتا ہے کام کر رہا ہے؟

ونڈو

تین چیزوں کی ایک فوجی آتی ہے کیا ہیں؟
ہم شیطان کی شکست کس طرح کروں؟
کیا ایک طاقتور گواہی خاکہ ہے؟
کچھ اہم ہدایات پر عمل کیا ہیں؟

بیجو

تین چیزوں کرتا ہے کیا ہیں؟
سادہ انجیل جو ہم نے اشتراک کیا ہے؟

پڑھائی

یسوع ہر روز اپنے پیروکاراں نو کی کرن د حکم دیندے نے؟

لوقا 9:23 - پھر اس نے ان سب سے کہا: "اگر کسی کو میرے بعد آئے گا، وہ خود سے انکار کرتے ہیں اور اس کے پار لے روزانہ لازمی ہے اور میرے پیچھے."

"اپنے آپ کو انکار کرنا، آپ کے پار لے، اور حضرت عیسی علیہ السلام کی پیروی."

چار آوازاں کِہڑیاں نے جیہریاں سلیب چکن دا کیندیاں نیں؟

اتے دی آواز

- 16:15 بطور "خوانده" نشان زد - اور
پھر وہ ان سے کہا، "ساری دنیا میں جاؤ
اور سب سے اچھا نیوز کی تبلیغ."

"یسوع نے ہمیں جنت سے ملاقات کی انجیل میں اشتراک کرنے کے لئے. انہوں نے سب سے زیادہ اتھارٹی ہے، اور ہم اس وقت کے سب اطاعت، فوری طور پر محبت کا ایک دل سے کرنا چاہئے، اور.

"یہ اوپر سے آواز ہے."

اوپر
☝ آسمان کی طرف پوائنٹ نے انگلی.

تھلے دی آواز

- لوقا 16:27 28 - "والد صاحب،" انہوں نے کہا کہ، "تو میں تم نے اسے میرے والد کے گھر کی وجہ سے میں پانچ بھائیوں کو ان کے انتباہ ہے بھیجن کی بھیک مانگتی ہوں، تو وہ بھی اس جگہ کو نہیں آئے گاکے عذاب کے.

"یسوع نے ایک امیر آدمی جو بھاڑ میں گیا تھا کے بارے میں ایک کہانی میں بتایا. کہانی میں، امیر آدمی نے لاجر جنت کو چھوڑ کر اور زمین پر جاکر نرک کی حقیقت کے بارے میں اپنے پانچ بھائیوں کو انتباہ کے نام ایک غریب آدمی چاہتا تھا. ابراہیم نے کہا ہے کہ وہ کافی انتباہ تھا. کے لاجر واپس زمین پر نہیں جا سکے. لوگوں اور جو مر رہے ہیں نرک میں میں ہمیں میں اشتراک کرنے کے لئے فون کیا ہے.

"اس کے نیچے سے آواز ہے."

ذیل میں
🖐 زمین کی طرف پوائنٹ نیچے انگلی.

اندر دی آواز

- 1 - کرنتھیوں 9:16. لیکن جب مجھے سخبار تبلیغ ہے، میں گھمنڈ نہیں کر سکتے ہیں، میں نے تبلیغ کے لئے مجبور کر رہا ہوں مجھ پر ہای اگر میں انجیل کی تبلیغ نہیں کرتے!

"پال کے اندر روح القدس اس سخبار اشتراک کرنے کے لئے مجبور کیا. ایک ہی روح القدس ہمیں ہماری کراس لے اور انجیل اشتراک کرنے کے لئے کہتا ہے.

"یہ اندر سے آواز ہے."

کے اندر
🖐 پوائنٹ انگلی آپ کے دل کی طرف.

باہر دی آواز

- اعمال 16:9 - اس رات پال ایک خواب تھا: شمالی یونان میں مقدونیہ کی طرف سے ایک آدمی کو وہاں کھڑا کیا گیا تھا، اس کے ساتھ درخواست، "میسیڈونیا کر نے کے لئے آو اور ہماری مدد کرو!"

"پال ایشیا میں جانے کے لئے منصوبہ بندی کی تھی، لیکن اس وقت روح القدس نے اسے نہیں کرے گا. انہوں نے ایک نقطہ نظر ہے کہ مقدونیہ سے ایک آدمی اس کے ساتھ درخواست اچھی خبر آئے اور تبلیغ کرنے کے لئے کیا گیا تھا. دنیا بھر میں لوگوں اور گروہوں نے ہمیں ہماری کراس

لے اور انجیل اشتراک کرنے کے لئے کہتے ہیں.
"یہ باہر سے آواز ہے."

باہر
گروپ کی طرف کپ کے ہاتھ اور ایک "یہاں آ" تحریک بنا.

- سیکھنے ان سے پوچھ آواز جو ہے، یہ کہاں سے آتا ہے، اور جو یہ کہتے ہیں کے ساتھ ہاتھ التواء کے ساتھ چار آوازیں کئی بار کا جائزہ لیں.

اظہار کرنا

اعمال ۲۹ دے نقشہ جات

- آٹھ کے بارے میں لوگوں کو ہر ایک کے گروپوں میں سیکھنے تقسیم. ہر گروپ کی قیادت کرنے کے لئے FJT میں شرکاء کے درمیان ایک تسلیم شدہ روحانی رہنما سے پوچھو.
- سیکھنے کے لئے مندرجہ ذیل وزارت وقت عمل کی وضاحت.
- ان کارروائیوں دائرے کے مرکز میں 29 نقشے رکھنے اور انہیں ان کے گروپ کو پیش موڑ لو. وایسینا ، گروپ کارروائیوں 29 کا نقشہ اور / یا سیکھنے اور ان پر خدا کی طاقت اور برکت کے لئے نماز پر ہاتھ دیتی ہے.
- ہر کوئی بلند اواز میں سیکھنے کے لئے ایک ہی وقت میں نماز ادا کرنا چاہئے. گروپ کے رہنما تسلیم کیا نماز کے وقت کے طور پر روح کی طرف جاتا ہے بند کر دیتا ہے.
- کہ اس مرحلے پر، سیکھنے نقشہ رولس، ان کی یا اس کے کندھے پر کہتے ہیں، اور اس گروپ نے کہا ہے کہ، "آپ کے پار لے لو اور یسوع مسیح، کی پیروی" ہم اہنگی کے تین گنا ہے. اس کے بعد، اگلے سیکھنے ان کا نقشہ پیش کرتا ہے اور اس عمل کو دوبارہ شروع ہوتا ہے.

- شروع کرنے، سیکھنے دوبارہ "آپ کے پار لے لو، اور حضرت عیسی علیہ السلام کی پیروی،" تین بار، کیونکہ وہ ایسا کرتے ہیں کے بعد ہر شخص نے ان کا نقشہ پیش کیا ہے پوچھو. یہ سب کا فیصلہ کس طرح ہم اہنگی کے جملہ کہنے کے لئے میں مدد کرے گا.
- جب اس گروپ میں سب کو ان کا نقشہ پیش کیا ہے، سیکھنے دوسرے گروپ میں شامل ہے کہ ختم نہیں کیا ہے جب تک تمام سیکھنے ایک بڑا گروپ جو کہ تمام سیمینار سیکھنے شامل میں ہیں.
- تربیت ایک اعتراف عبادت گانا ہے کہ گروپ میں سیکھنے کے لئے بامعنی ہے گاتے وقت ختم.

حصہ ۳

حوالے

اگے پڑھائی

پیش موضوع کے ایک سے زیادہ میں تفصیلی بحث کے لئے مندرجہ ذیل وسائل سے مشورہ کریں. مشن کے کام کے نئے علاقوں میں، یہ بھی پہلی کتابوں کی ایک اچھی فہرست ہے بائبل کے بعد کا ترجمہ کرنے کے لئے.

بل ہیمر ، پال (1975). عرش کے لئے قسمت میں لکھا. عیسائی ادب صلیبی جنگ.

بلیکا بی ، ہینری ٹی اور کنگ، کلاڈ V (1990). خدا کا سامنا: کچھ جاننے والا اور خدا کی مرضی کر رہی ہے. پریس ہے.

روشن، بل (1971). روح القدس کے ساتھ کس طرح بھرا ہوا ہے. مسیح کے لئے کیمپس صلیبی جنگ.

کارلٹن، آر بروس (2003). 29 ایوان کے قوانین: نظرانداز کی فصل قطعات کے درمیان تحریکیں چرچ پودے لگانے میں سہولت پیدا کرنے میں عملی تربیت. پریس ہے.

چن، جان. تربیت کے لیے ٹریننگ (T4T). اپرکاشت، کوئی تاریخ نہیں.

گراہم، بلی (1978). روح القدس: آپ کی زندگی میں خدا کے پاور کو چالو کرنے. W پبلشنگ گروپ.

ہود گیس ، ہرب (2001). میل کرنا ہو فاکس! ورلڈ بصیرت کے ورلڈ، عمارت کے لئے فاؤنڈیشن کے متاثر، چیلوں کے ری پروڈکشن ہے. روحانی زندگی منترالیوں.

ہائی بل ، بل (1988). مصروف بھی نماز ادا نہ کرنے کے لئے.
پریس ہے.

مرے، اینڈریو (2007). نماز کے سکول میں مسیح کے ساتھ.
پریس ہے.

آگ ڈین ، گریگ (2003). تبدیل: ایک ایک وقت میں چند کے
چیلوں کی قضاء. پریس ہے.

پیکر، J. I (1993). خدا سب کچھ جاننے والا. پریس ہے

.پیٹرسن جارج، اور سکو گن ، رچرڈ (1994). چرچ ضرب گائیڈ.
ولیم کیری لائبریری.

پیپر، جان (2006). کیا عیسی علیہ السلام نے دنیا سے مطالبہ ہے.
کتب

اخری نوٹس

١ - گیلن کرہ ٹی جارج پیٹرسن، سکھاؤ تے ودھاؤ کتابچہ (پروجیکٹ ورلڈ آوٹ ریچ،٢٠٠٤) ص ٢٨ .

٢- کرہ تے پیٹرسن، ص ١٧.

٣- کرہ تے پیٹرسن، ص ص ٨،٩.

اضافہ A

ترجمہ کرن والے لئی پتر

مصنف کی دیگر زبانوں میں اس تربیتی مواد کے طور پر خدا کی ہدایت ترجمہ کی اجازت دیتا ہے. براہ مہربانی مندرجہ ذیل ہدایات جب ترجمہ یسوع ٹریننگ مواد (FJT) پر عمل کریں کا استعمال کریں:

- ہم FJT کئی بار کے ساتھ ترجمے کا کام شروع کرنے سے پہلے تربیت دوسروں کو مشورہ دیتے ہیں. ترجمہ معنی پر زور اور لغوی صرف نہ ہو، یا لفظ کے لئے لفظ ترجمہ. مثال کے طور پر، اگر "کی طرف چلو" ترجمہ بائبل کے اپنے ورژن میں "روح کے ذریعے لائیو" استعمال "روح کے ذریعے لائیو، اور ہاتھ التواء کے طور پر کی ضرورت پر نظر ثانی کر رہا ہے.
- ترجمہ عام زبان میں ہو اور اپنے لوگوں میں سے نہیں "مذہبی زبان" کے طور پر زیادہ پوزیشن کے طور پر کرنا چاہئے.
- بائبل کے ترجمہ کا استعمال کریں کہ آپ کے گروپ میں عوام کی سب سے زیادہ سمجھنے کے قابل ہو جائے گا. اگر صرف ایک ترجمہ ہے اور یہ مشکل ہے سمجھنے کی، کلام میں ان واضح کرنے کے لئے حوالہ دیا گیا ہے کو اپ ڈیٹ.
- ایک اصطلاح ہے جو کہ مسیح کے آٹھ تصاویر میں سے ہر ایک کے لئے ایک مثبت مطلب ہے استعمال کریں. اکثر پوچھے جانے والے، تربیت ٹیم کو "درست اصطلاح" کئی

بار کے ساتھ استعمال کی ضرورت سے پہلے صحیح سے ایک پائی جاتی ہے.

- آپ کی ثقافت ہے جو ایک مقدس شخص ہے جو عبادت، نماز، اور ایک اعلی اخلاقی زندگی کی طرف جاتا ہے میں کہا گیا ہے اصطلاح کے طور پر "سینٹ" ترجمہ. اگر آپ کی زبان میں 'حضرت عیسی علیہ السلام کی پاکیزگی بیان کرنے کے لئے استعمال ہونے والا لفظ ایک ہی ہے، اس کا استعمال کرنا ضروری نہیں ہو گا ہم نے "ایک مقدس" کا استعمال کرتے ہیں کیونکہ "سینٹ" یسوع مناسب طریقے سے وضاحت نہیں کرتا یہاں "ایک مقدس".
- خادم" مشکل ہو ایک مثبت معنوں میں ترجمہ کرنے کے لئے، لیکن یہ بہت ضروری ہے کہ آپ ایسا کر سکتے ہیں. ہوشیار رہ کہ اصطلاح آپ کے منتخب کردہ ایک ایسا شخص جو مشکل کام میں کہا گیا، ایک عاجزانہ دل ہے، اور مدد کر دوسروں کو حاصل ہے. زیادہ تر ثقافتوں میں ایک خیال ہے "نوکر کی کا دل ہے."
- ہم جنوب مشرقی ایشیا اور جنرل ہے کہ ثقافت فٹ میں کے تمام ترقی یافتہ ہے. انہیں اپنے کرنے کے لئے اپنانے، اشیا اور خیالات کو اپنے لوگوں کو واقف استعمال کرنے کے لئے اس بات کا یقین ہونے کے لئے آزاد محسوس کرتے ہیں.
- ہم نے اپنے کام کے بارے میں سننا پسند کروں گا اور کسی بھی طرح ہم کر سکتے ہیں میں مدد ملے. translations@FollowJesusTraining.com پر ہمیں تو ہم تعاون کر سکتے ہیں اور دیکھ کر زیادہ سے زیادہ لوگ یسوع کی پیروی کر سکتے ہیں رابطہ کریں!

اضافہ B

1. سُچے پرچارک بناؤن دا مقصد کی اے ؟

مومنوں کا ایک چھوٹا سا گروپ (جو عبادت، نماز، بائبل کے مطالعہ کے لئے ایک ساتھ ملیں گے، اور 'حضرت عیسی علیہ السلام کے حکم دیتا ہے کی پیروی کرنے کے لئے ایک دوسرے کے احتساب) کسی بھی صحت مند چرچ یا دیرپا تحریک کی بنیادی عمارت بلاک ہے. رب پر مضبوط بڑھنے، انجیل اشتراک، اور چیلوں کے بنا: ہمارا مقصد لوگوں کو یسوع کی طرف سے انہیں ان کی حکمت عملی میں سب سے پہلے تین مراحل کرنے کی تربیت کی طرف سے دنیا تک پہنچنے کی حکمت عملی کی پیروی کرنے کو بااختیار بنانے کی ہے. مشنری بعض اوقات اتپریرک، لیکن چیلا سازی چیلا ایک تحریک کی کبھی توجہ مرکوز ہے.

ہمارے تجربے میں سب سے زیادہ مومنوں کمیونٹی کے تبدیل کرنے کی قسم ہے کہ ایک چیلا گروپ تخلیق کا تجربہ نہیں کیا ہے. ایک چیلا سازی چیلا تحریک میں خاندان کے دوران خاندان ایک دوسرے کے شاگرد، چیلا گروپوں میں گرجا گھروں چیلا اپنے اراکین اور اتوار سکول کی کلاس، سیل گروپوں ان کے ارکان ایک دوسرے کے شاگرد کو کس طرح کی تربیت اور نئے چرچ پودوں کی اکثر چھوٹے چیلا گروپوں کے طور پر شروع ہے. ایک تحریک میں چیلا گروپوں کہیں بھی اور ہر جگہ ہیں.

2- تربیت اور -سکھانے کے درمیان کیا فرق ہے؟

احتساب. درس و تدریس کے دماغ کھلاتی ہے. ٹریننگ کے ہاتھ اور دل کھلاتی ہے. ایک تدریسی ماحول میں، استاد ایک بہت بولتا ہے اور طالب علموں سے چند ایک سوالات سے دعا گو ہیں. ایک تربیتی ماحول میں سیکھنے کو بہت بولتے ہیں اور اساتذہ کی چند سوالات پوچھتا ہے. ایک تعلیم سیشن کے بعد، ہمیشہ کی طرح سوال ہے "کیا انہوں نے یہ پسند ہے؟" یا "وہ اس سے ملا." ایک ٹریننگ سیشن کے بعد، اہم سوال یہ ہے کہ "یہ وہ کام کرو گے؟"

3. میں کیا کروں اگر میں مخصوص وقت میں سبق ختم نہیں کر سکتے ہیں کرنا چاہئے؟

تربیت کے عمل کو FJT میں بہت اہم ہے. سیکھنے نہ صرف مواد کو پڑھاتے ہیں، لیکن کس طرح بھی دوسروں کو تربیت کرنے کے لئے. نصف میں "مطالعہ" کے حصوں کی تقسیم اگر آپ کو ایک ہی اجلاس میں پورے سبق کو مکمل کرنے کے لئے وقت نہیں ہے. یہ بہتر ہے کہ تربیت کے عمل کو برقرار رکھنے کے لئے اور دو حصوں میں سبق تقسیم سے زیادہ باہر کی تربیت کے عمل کا ایک حصہ چھوڑ.

ایک عام فتنہ احتساب اور اوقات کو چھوڑ دیں، اس طرح زیادہ سے زیادہ ایک روایتی بائبل کے مطالعہ کی طرح مواد بنانے کی ہے. ضرب کی کلید، تاہم، احتساب اور مشق ہے. کیا یہ نہیں جائیں! بجائے دو اجلاس اوقات کے دوران "مطالعہ" کے سیکشن کی تقسیم اور تربیت کے عمل کو برقرار رکھنا.

4. مجھے تم کس طرح شروع کرنے کے بارے میں کچھ خیالات دے سکتے ہیں؟

اپنے آپ سے شروع کریں. تم نہیں دے جو تمہارے پاس نہیں کر سکتے ہیں. سبق سیکھنے اور روزانہ کی بنیاد پر اپنی زندگی کو ان کے اطلاق. کیا سوچ آپ کو کسی نہ کسی سطح اس سے پہلے

کہ آپ کے تربیت دوسروں کے شروع تک پہنچنے کے لئے بڑے پیمانے پر غلطی نہیں کر سکتے ہیں. یہ بھی درست ہے کہ آپ کے پاس نہیں جو تم نہیں دے نہیں کر سکتے ہیں. اگر آپ کسی مومن ہیں، روح القدس تم میں اس طرح رہتا ہے اور ضمانت دیتا ہے آپ کو ضروری تربیت دوسروں کو شروع کرنے کے لئے ایک سطح تک پہنچ چکے ہیں.

اگرچہ یہ سچ ہے کہ آپ کو نہیں سکھایا ہے جو تم نہیں سیکھا ہے کر سکتے ہیں، یہ بھی سچ ہے کہ آپ سیکھ نہیں جو تم نہیں سکھایا ہے کر سکتے ہیں. بس کر لو. باہر جاؤ اور کل کو ختم کر دینا دوسروں کے ساتھ تربیت. جیسا کہ آپ خدا ہیں جہاں وہ کام کر رہا ہے میں شامل، وہاں دوسروں کو تربیت دینے کے لئے بہت سے مواقع ہوں گے. ایک ہی شدت کے ساتھ پانچ افراد کو ٹرین کہ آپ نے پچاس لوگوں کو اور اس کے برعکس تربیت کرے گا. ایک چھوٹا سا بونا؛ ایک چھوٹا سا کاٹنا. زیادہ بونا، زیادہ سے زیادہ کاٹنے. فصل آپ دیکھیں گے آپ دوسروں کو تربیت دینے کے کے عزم کرنے کے لئے براہ راست تناسب میں اکثر ہے.

5. کیا ”5 کی حکمرانی“ ہے؟

سیکھنے ایک سبق پانچ بار مشق اس سے پہلے کہ وہ ضروری اعتماد ہے اور ایک انسان کی تربیت کرنے کے لئے ہے. پہلی بار، سیکھنے کا کہنا ہے کہ، ”یہ اس طرح ایک اچھا سبق تھا. آپ کا شکریہ. ”دوسری مرتبہ (کے بعد انہوں نے سبق سکھایا ہے)، وہ کہیں گے،“ مجھے لگتا ہے کہ شاید میں نے یہ سبق سکھا سکتے ہیں، لیکن مجھے یقین نہیں ہوں. ”تیسری بار، سیکھنے کا کہنا ہے کہ،“ یہ سبق 'کے طور پر مشکل ٹی سکھانے کے طور پر میں نے سوچا. شاید میں یہ سب کے بعد کر سکتے ہیں.“

چوتھی بار، سیکھنے کا کہنا ہے کہ میں دیکھ رہا ہوں ”یہ سبق کس طرح اہم ہے اور میں دوسروں کو سکھانے کے لئے چاہتے ہیں کر سکتے ہیں. یہ کام آسان ہو ہر وقت ہے ”پانچویں بار، سیکھنے کا کہنا ہے کہ“ میں دوسروں کی تربیت دوسروں کو یہ سبق کس طرح ایسا کرنے کی تربیت کرنے کے لئے کر سکتے ہیں. ہے.

مجھے یقین ہے خدا کے اس سبق کا استعمال کرتے ہوئے اپنے دوستوں اور خاندان کی زندگیوں کو تبدیل کرنے کے لئے ہوں.“

ایک سبق کی مشق کر یا تو ”دیکھ“ یا ”کر رہے ہیں.“ اس وجہ سے شامل ہے، ہم پریکٹس کے وقت کر دو مرتبہ مشورہ دیتے ہیں. سیکھنے والوں نے ایک بار ان کے نماز کے ساتھی کے ساتھ مشق کریں اور پھر ایک اور ساتھی کے ساتھ سوئچ اور سبق کو پھر سے کرتے ہیں.

6. تم اتنے بہت سے ہاتھ التواء کو کیوں استعمال کرتے ہیں؟

یہ پہلا بچکانا لگتا ہے، لیکن زیادہ تر لوگوں کو جلد ہی احساس ہوتا ہے کہ اس سے ان مواد زیادہ تیزی سے حفظ کرنے میں مدد ملتی ہے ہو سکتا ہے. ہاتھ التواء کا استعمال کرتے ہوئے اور بصری سیکھنے سٹائل کے ساتھ ان لوگوں کو ایڈز ہے.

ہاتھ التواء کے ساتھ ہوشیار رہو، تاہم! ان لوگوں کا آپ کی تربیت ہیں اور ہاتھ کے التواء کی یقین ہے کہ کوئی بھی غریب ذائقہ میں ہیں یا کچھ مختلف ہے کے مقابلے میں آپ کا ارادہ رکھتے ہیں مطلب مقامی رسوم و رواج کو چیک کریں. ہم میدان دستی کئی جنوب مشرقی ایشیا کے ممالک میں اس میں ہاتھ کے التواء کا تجربہ کیا ہے، لیکن وقت کے آگے کی جانچ پڑتال اب بھی ایک اچھا خیال ہے.

کیا تعجب نہیں ہوگا اگر ڈاکٹر، وکیل، اور دیگر سیکھنے مزید تعلیم سیکھنے اور ہاتھ التواء کر لطف آتا ہے. اکثر ایک تبصرہ ہم نے سنا ہے ”آخر! یہاں سبق میں دوسروں کو پڑھاتے ہیں اور اور وہ سمجھ کر ان میں گا کر سکتے ہیں.“

7. سبق اتنا آسان کیوں ہو؟

یسوع نے ایک سادہ اور یادگار انداز میں تربیت حاصل کی. ہم حقیقی زندگی مثالیں کو اور کہانیوں کا استعمال کرتے ہیں کیونکہ

یہ ہے کہ کیا یسوع نے کیا. ہمیں یقین ہے کہ واقعی ایک سبق ہے صرف اس صورت میں اس کو پاس کر سکتے ہیں (سبق یہ بھی ملتا ہے کہ ایک غیر متوقع طور کھانے پر کیا جا سکتا ہے ایک نیپکن پر لکھا گیا ہے اور فوری طور پر سیکھنے کی طرف سے پیش کیا جائے؟) FJT میں سبق "خود کو سکھانا اور انحصار" نیپکین ٹیسٹ. " روح القدس پر اچھے بیج پلانٹ کو. کی سادگی پروڈیوسبیلٹی میں ایک اہم عنصر ہے.

8. کچھ عمومی غلطیوں کے لوگوں کو جب وہ دوسروں کو تربیت دینے کے کیا ہیں؟

- انہوں نے ٹریننگ کے احتساب کے پہلو جائیے: عام چھوٹے گروپ کے اجلاس میں عبادت، نماز، اور بائبل کے مطالعہ پر مشتمل ہے. تربیتی یہ تینوں بھی شامل ہے، لیکن ایک "پریکٹس" وقت کے ساتھ احتساب کا اضافہ کر دیتی ہے. زیادہ تر لوگوں کا خیال ہے کہ وہ دوسروں کی محبت کے انداز میں احتساب نہیں کر سکتے ہیں، تاکہ وہ اس حصہ کو چھوڑ دیں. تاہم ایک مثال قائم اور غیر اندازہ سوالات کی پوچھ کی طرف سے ایک گروپ ہر جوابدہ دوسرے کو پکڑ اور اہم روحانی ترقی کو دیکھ کر سکتے ہیں.
- وہ کچھ اور نہیں بہت پر توجہ مرکوز: اصول میں ایک پر ایک کے خیال اچھا ہے، لیکن عملی طور پر مختصر آتا ہے. بائبل کے معیاری ایک چھوٹے گروپ کی ترتیب ہے میں کرنا لگتا ہے. یسوع پیٹر، جیمز، اور جان کے ساتھ سب سے زیادہ وقت گزارا. ان کے سفر کو چیلا بنا پر اور نے کے مردوں پیٹر کے ایک گروپ نے یروشلم میں چرچ میں بھی مدد کی تھی. پال خطوط کو نے کے گروپوں کی فہرست کے ساتھ ہیں.
- حقیقت میں، صرف پندرہ سے بیس فیصد لوگوں کے آپ کو تربیت دینے کے تربیت کار خود ہو جائے گا. اس حقیقت کے بارے میں نہیں کی حوصلہ شکنی کی جائے. یہاں تک کہ اس فیصد کے ساتھ خدا ایک چیلا سازی کی تحریک کے بارے میں لانے، اگر ہم موٹے طور پر انجیل کے بیجوں کے لئے ڈال کے وفادار ہیں.

- وہ بہت بات: ایک عام سیشن میں نوے منٹ میں، ٹرینر گروپ تیس منٹ کے کل سے بات کر سکتا ہے. سیکھنے مشترکہ عبادت میں ٹریننگ سیشن، جائے نماز، شیئرنگ، اور پریکٹس میں وقت کی سب سے زیادہ خرچ کرتے ہیں. اس وقت آرڈر تبدیل کرنے کا نیٹ ورک میں ایک مغربی تعلیمی پس منظر زوال سے بہت سے لوگ.
- وہ ایک غیر راہ میں تربیت کیا: ایک چیلا سازی کی تحریک کی کلید پروڈیوسبیلٹی ہے ہے. نتیجے کے طور پر، سب سے اہم لوگوں نے آپ کی تربیت کر رہے ہیں یہاں تک کہ کمرے میں نہیں ہیں، وہ تیسرے چوتھے نمبر پر ہیں، اور پانچویں چیلوں کی جنرل کے دوسرے کے چیلوں کی تربیت ایک رہنما کا سوال ہو نسلوں بعد میں کاپی بالکل وہی جو میں کر رہا ہوں اور دوسروں کو اسے منظور کر کے چیلے ہو گا؟ "کیا اگر مومنوں کی چوتھی نسل دوسروں کو مہیا کی، پیش، سہولیات فراہم ہو گا، اور اسی مواد لایا ضروری ہے ان کے سیشن کے لئے کہ آپ ہیں؟ اگر وہ آپ کی پیروی آسانی سے کر سکتے ہیں، یہ ہے. اگر وہ اپنانے پڑے گا، یہ غیر ہے.

9. مجھے کیا کرنا چاہئے اگر میرے لوگوں (UPG) گروپ میں کوئی مومن ہو؟

FJT مواد کو جانیں اور اور اپنے UPG میں لوگوں کو گواہ شروع. پر عمل کریں یسوع ٹریننگ متلاشیوں جو یسوع ہے اور کیا یہ ایک عیسائی ہونے کا مطلب ایک اچھی تصویر دیتا ہے. جنوب مشرقی ایشیا میں ہم اکثر چیلا لوگوں کی اور پھر انہیں انجیل کی تشہیر کرنا. FJT آپ کو ایک غیر دھمکی آمیز ایسا کرنے کا راستہ فراہم کرتا ہے.

- ایک باریک بینی سے منسلک لوگوں میں مومنوں کو تلاش گروپ کے ایک گروپ نے جو کہ جس گروپ پر آپ تک پہنچنے کی کوشش کر رہے ہیں کے ساتھ اقتصادی، سیاسی، جغرافیائی، اور مماثلت ہے. TJF مواد کے ساتھ

اضافہ B

ان کو تربیت دینے، ملحقہ لوگوں کے گروپ میں ان کے دوستوں تک پہنچنے کے لئے ایک نقطہ نظر ڈال.

- مدارس اور بائبل سکول کو اپنے UPG سے لوگوں کی نشاندہی پر جائیں.
- اکثر خدا نے پہلے سے ہی رہنماؤں (ہم صرف ان سے آگاہ نہیں ہیں) تیار کی ہے. وہ لوگ جو اپنے GPU سے ایک والدین کو تلاش کریں. کئی بار ان رہنماؤں نے GPU کے لیے ایک بوجھ ہے، لیکن میں کس طرح ان تک پہنچنے کے لئے بہت کم تجربہ ہے.

10. نئے کے چیلوں کے لئے پہلا قدم کیا ہیں کیونکہ وہ نئے کے چیلوں کی تربیت کرنے کے لئے شروع؟

سیکھنے سادہ عبادت کی شکل کی وہ مشق ہے پر عمل کرنے کی حوصلہ افزائی ہے. گروپ ایک دوسرے کے ساتھ تو تعریف ہے اور ایک ساتھ نماز ادا کرتی ہے. "مطالعہ" کے سیکشن میں، وہ FJT سے سبق میں سے ہر ایک دوسرے کی تعلیم دیتے ہیں یا تین درخواست سوالات کے ساتھ ایک بائبل کی کہانی بتانا.

"پریکٹس" کے سیکشن میں، وہ ایک دوسرے کو سبق پھر سکھاتے ہیں. سیکھنے سادہ عبادت کی شکل سیمینار کے دوران نو بار کی مشق کرتے ہیں اور جب وہ چھوڑ کر ایک چیلا گروپ شروع کرنے کے لئے اعتماد ہے.

11. کچھ مختلف جگہوں ہے کہ تربیت کار ان مواد استعمال کیا ہے کیا ہیں؟

پرشکشکوں کو مندرجہ ذیل طریقوں میں TJF کامیابی سے استعمال کیا ہے:

- سیمینار سیٹنگ ایک سیمینار کے ماحول میں تربیت کرنے کے لئے نمبر 30-24 سیکھنے ہے. سیمینار ڈھائی سے تین دن تک رہتا ہے، سیکھنے کی تعلیمی سطح پر منحصر ہے.

- ہفتہ وار سیشن کے ایک ہفتہ وار ماحول میں تربیت کرنے کے لئے بہترین نمبر 12-10 سیکھنے ہے. سادہ عبادت کے لئے اضافی پریکٹس کے اوقات میں 12 ہفتوں کی تربیت سائیکل کرتے ہیں. ، سیشن کسی کے گھر میں ہو یا چرچ میں ہیں. کچھ کے پرشکشکوں سمجھتے ہیں کہ وہ ٹریننگ کر رہے ہیں اپنے پیاروں کو بند ہفتے پر دوسروں کی تربیت کرے گا ساتھ دو ہفتہ وار گروپوں کی قیادت. اس نقطہ نظر ہے، تیزی سے ایک چرچ پودے لگانے کی تحریک کو تیز کرنے پائے گئے ہیں.
- اتوار سکول کلاسیں اتوار کے ایک اسکول کے ماحول میں تربیت کرنے کے لئے کی تعداد 8 سے 12 سیکھنے ہے. تربیت کے عمل کی طوالت کی وجہ سے، ہر سبق کے "مطالعہ" کے حصہ میں عام طور پر نصف میں تقسیم کیا جاتا ہے اور دو سورج کے دنوں کے دوران سکھایا. لہذا سادہ عبادات میں ایک زور ہر وقت ہو سکتا ہے، تربیت کے 20 ہفتوں تک رہتا ہے.
- مدرسہ یا بائبل کالج کے طبقات کی تربیت کے بہترین ایک ہفتے لیس وقت اور / یا یا کی کلاس کے دوران ایک ہفتہ وار بنیاد پر FJT استعمال کیا ہے.
- ایک سو سیکھنے کے لئے کی کانفرنسوں میں بڑے گروپ FJT بنیادی میں تربیت حاصل کر سکتے ہیں اگر اضافی پرشکشوں گروپوں کے ساتھ اور بھیڑ رسد کے ساتھ اہم ٹرینر مدد.
- خطبات کے بعد FJT مکمل، اکثر ان کے چرچ کے اسباق سکھاتے ہیں. یہ وہ لوگ جنہوں نے تربیت دوسروں کے ہیں حضرت عیسی علیہ السلام کی پیروی کرنے کے لئے دلچسپی اور رفتار بناتا ہے. فتنہ، تاہم، FJT مواد اور اس کے ساتھ نہیں "ٹرین" لوگوں "سکھانے" کی ہے. اس خطرے کے خلاف حفاظت کرتے ہیں جب انہوں نے خطبات میں اسباق کا استعمال کرنا چاہئے. سبق کا استعمال ایک طریقہ تربیت کو بااختیار بنانے کی جماعت میں دوسروں کی تربیت کرنا چاہئے.
- مشنری مذاکرات مشنریوں نے ان کے حامیوں کے ساتھ اشتراک کہ وہ کس طرح ایک عملی انداز میں شہریوں کو تربیت کر سکتے ہیں. کے حامیوں اکثر کہنا ہے کہ وہ کس

طرح حوصلہ افزائی کے بارے میں جاننے کے ایک آسان طریقے سے اور کس طرح غلط فیلڈ پر کام کر رہی ہے صفات کی پیروی کرنے کے لئے ہیں.

- کوچنگ کی کچھ تربیت اسباق کا استعمال حصوں لمحات میں رہنماؤں کو ٹریننگ. چونکہ FJT مجموعی (ہر حصے ویوردت کی وضاحت کرتا ہے اور دوسرے حصوں میں) ہے، ایک ٹرینر کی تربیت میں کسی بھی موڑ پر شروع اور یقین دلایا کہ وہ مسیح کی پیروی کی مکمل تصویر دے رہے ہیں کیا جا سکتا ہے.

12. میں کیا کروں اگر غیر تعلیم یا نیم تعلیم لوگوں کو تربیتی سیشن میں شرکت کرنا چاہئے؟

آہ، کہانیاں ہم اس موضوع کے بارے میں اشتراک کر سکتے ہیں! ایک کرنا پڑے گا. ہم اچھی طرح سے تھائی لینڈ میں ایک تربیت ایونٹ ہے جو بنیادی طور پر شمالی پہاڑی قبائل کی طرف سے خواتین پر مشتمل تھا یاد ہے. ان کی ثقافت میں، خواتین کو سیکھنے پڑھنے کے لئے یا جب تک وہ ایک نوجوان بن لکھنے کے لئے اس فارم کو منع کر رہے ہیں. ظاہر کی، اس کا مطلب ہے کہ سب سے زیادہ کبھی نہیں سیکھ.

ایک تربیت ترتیب میں عام طور پر، خواتین خاموشی سے بیٹھ کر جبکہ مردوں سیکھا سننے گا. تاہم، کے ساتھ ہاتھ پر بعد حضرت عیسی علیہ السلام کی تربیت کے نقطہ نظر کے تمام خواتین نے ایک تین روزہ مدت پر تربیت میں حصہ لیا. ہم ایک قاری نے پوچھا کلام زور سے پڑھنا (پورے زور سے ایک ساتھ پڑھنے کے گروپ کی بجائے) اور خواتین کو تربیت کے وقت کے لئے پانچ یا چھ (جوڑوں کی بجائے) گروپوں میں تقسیم کیا ہے. آنسو آزادانہ طور پر کئی بار بہہ خواتین کے طور پر ان تین دنوں کا کہنا ہے کہ، "اب ہمیں کچھ ہے کہ ہم دوسروں کو دے سکتے ہیں سیکھا ہے."

اضافہ C

چیک لسٹاں

تربیت توں پہلاں..

- ایک نماز سے پہلے اور دوران تربیت ہفتے بارہ تربیت کے لئے سفارش کرنے کے لئے لوگوں کی نماز کی ٹیم کی ٹیم کو بھرتی کرنا، بھرتی کرنا. یہ بہت اہم ہے!
- ایک ایک شکشو شکشو کی حمایت اکٹھی کرنے کے لئے حمایت اکٹھی ٹیم سکھانا آپ کے ساتھ کسی ایسے شخص سے نے پہلے FJT شرکت کی ہے: ریڈیکل کے چیلوں کی قضاء.
- کو مدعو کریں ایک ثقافتی طور حساس راستے میں شرکاء شرکاء کو مدعو کریں. یہ خطوط بھیجنے، -میں، وغیرہ ریڈیکل کے چیلوں کی تربیت کے لئے بہترین سائز 24- 30 سیکھنے کے ایک سیمینار ترتیب ہے شامل ہو سکتا ہے. اگر آپ کو کئی پرشکشووں آپ کی مدد ہے، آپ 100 سیکھنے کو تربیت کر سکتے ہیں. ریڈیکل کے چیلوں کی تربیت کرنا بھی تین یا اس سے زیادہ سیکھنے کے ایک گروپ کے ساتھ ایک ہفتہ وار بنیاد پر مؤثر طریقے سے کیا جا سکتا ہے.
- کی توثیق رسد کا انتظام، رہائش، کھانا سیکھنے کے طور پر ضرورت کے لئے، اور ٹرانس کی.
- میٹنگ محفوظ جگہ کا انتظام کر کمرے کے پیچھے میں فراہمی کے لئے دو ٹیبل کے ساتھ ایک میٹنگ کے کمرے، کرسیاں RA میں سیکھنے اور تربیت کے دوران تعلیمی

سرگرمیوں کے لئے کمرے کی کافی مقدار کے لیے ایک دائرے کی مانند تھے. اگر یہ زیادہ ہے، کرسیوں کی بجائے فرش پر چٹائی کے لیے انتظام. ہر دو دن کے وقفے کے اوقات کے لئے کافی، چائے، نمکین اور کے ساتھ فراہم کی منصوبہ بندی.

- تربیتی مواد جمع- ، سفید کاغذ کی بورڈ / کے کسائ اور مارکر، طالب علم کے نوٹ، رہنما کے نوٹ، کارروائیوں کے لئے ہر سیکھنے کے لئے سفید پوسٹ کرنے والے کاغذ جمع 29 کا نقشہ ورزش، رنگ مارکر یا کی، نوٹ بک (جیسے والے طالب علموں کو سکول میں استعمال کرتے ہیں) اس، قلم اور پنسل.
- عبادات کا انتظام ہر شریک کے لئے گیت کی چادریں یا کورس کی کتاب ٹائمز کا استعمال کریں. گروپ جو ادا کرتا ہے میں ایک شخص کو تلاش کریں اور اس سے پوچھنا / اس نے آپ کی مدد کے لئے (اگر ممکن ہو تو). ہر سبق کے عنوان سے اس سیشن میں گیت کے انتخاب کے لئے موضوع سے پتہ چلتا ہے.
- ایکٹیو سیکھنا جمع ایک بیلون، ایک پانی کی بوتل، اور مقابلہ انعامات جاتا ہے کی جمع

تربیت دے دوران...

- رہو شیڈول لچکدار-رکھو، لیکن وہ سیکھنے کی زندگی میں کیا کر رہا ہے میں خدا کی میں شامل کافی لچکدار ہو.
- کشیدگی کی پریکٹس اور احتساب بنائیں-یقین ہے کہ ایک دوسرے کو سبق سیکھنے کی تعلیم کے بعد آپ ان سکھانے کے پریکٹس! پریکٹس کے بغیر، سیکھنے دوسروں کو تربیت دینے کے لئے کے گا. سبق قصر سے باہر پریکٹس وقت کاٹنے کے لئے یہ بہتر ہے. پریکٹس اور جوابدہی ضرب کرنے چابیاں ہیں.
- میں ہر کوئی شامل ہر سیشن کے اختتام پر نماز ادا کرنے کے لئے ایک مختلف شخص کو قیادت سے پوچھو. ٹرین کے آخر تک، ہر کسی کو نماز میں بند کرنا چاہئے کم از

کم ایک بار. سیکھنے ان کے چھوٹے سے گروپ کے وقت میں سم عبادات کا ایک حصہ کے اہم موڑ لینا چاہئے.

- بااختیار بنانے اور ہر سیکھنے کے شرکاء کے تحفے کو بااختیار بنانے کی تربیت کے دوران ان کے تحفے استعمال کرنے پہچانو. سیکھنے سیمینار کے دوران ان کی پرتیبھا کا استعمال کرنے کے لئے حمایت اکٹھی: موسیقی، مہمان نوازی، نماز، درس و تدریس، مزاحیہ، سروس،، وغیرہ
- کا جائزہ، جائزہ، جائزہ کیا ہر سیشن کے آغاز پر جائزہ لینے کے حصے کو چھوڑ دیں نہیں. نظام عدل ریگولیشن میں سیمی کے آخر تک، سوال، جواب، اور ہاتھ کے التواء کی سب کو دوبارہ پیش کرنے کے لئے ہر سیکھنے کے قابل ہونا چاہئے. ایک دوسرے سے سیکھنے جس طرح تم نے ان کو تربیت دی کو تربیت دینے کی یاد دہانی کرائیں. وہ شخص وہ ہر بار تربیت کے ساتھ جائزہ لینے کے حصے کے طور پر کرتے ہیں، اچھی طرح کرنا چاہئے.
- تربیت ہے کہ سیکھنے یا سوالات وہ آپ سے پوچھ سکتے ہیں اسٹینڈ کے تحت نہیں کرتے کے پہلوؤں کے بارے میں ہر سیشن کے دوران نوٹ تشخیص لو کے لئے تیار. یہ نوٹ آپ اور تشخیص کے وقت وایسینا کے
- میں آپ کی شکشو میں مدد ملے گی.
- سادہ عبادت نہیں جائیے عبادات بارشکریہ سادہ تربیت کے عمل کا ایک لازمی حصہ ہے. کے طور پر سیکھنے آرام دہ اور پرسکون نے سادہ عبادات وقت کی قیادت محسوس ہوتا ہے، وہ اعتماد حاصل کی تربیت کے بعد ایک گروپ سے شروع ہو جائے گا.

تربیت توں بعد...

- *آپ کا وقت ہے اے پی کے خرچ کا جائزہ اور جانچ پڑتال کے اپنے شکشو کے ساتھ* وقت ٹرین کے ساتھ تربیت کے ہر پہلو کا جائزہ. مثبت اور منفی کی ایک فہرست بنائیں. تربیت اگلی بار آپ کو یہ سکھاتے ہیں بہتر بنانے کے منصوبہ بنائیں.

- *مستقبل میں مدد دو یا تین سیکھنے* جو *مستقبل میں ایک بنانا* ریڈیکل کے چیلوں کی تربیت کے ساتھ آپ کی مدد کے بارے میں تربیت کے دوران قیادت کی صلاحیت کا مظاہرہ کیا ہے ٹریننگ کے رابطہ کے بارے میں متوقع پرشکشوں کے ساتھ مربوط کریں.
- *اگلا، دوسرا تربیت کی* حوصلہ *افزائی کی تربیت کے شرکاء* کو *ایک دوست* کو پارٹنرز کے ساتھ اگلی بار وہ میں شرکت کے لئے واپس لاو ٹریننگ شرکا کی حوصلہ افزائی کریں. یہ جو تربیت دوسروں کے تربیت کار کی تعداد کو بڑھانے کا ایک کا راستہ ہے.

شیڈول

اس دستی ایک تین روزہ سیمینار یا 12 ہفتے کا تربیتی پروگرام کی سہولت کے لئے استعمال کریں. دونوں شیڈول میں ہر سیشن ایک کے بارے میں اور ایک نصف گھنٹے لیتا ہے اور 21 صفحے پر ٹریننگ تربیت کا طریقہ کار استعمال.

پرچارکاں دی منڈھوں تربیت - تین دن

	دن ۱	دن ۲	دن ۳
8:30	سادہ عبادت	سادہ عبادت	سادہ عبادت
9:00	جی آیاں نوں	راہ لگو	بیجو
10:15	وقفہ	وقفہ	وقفہ
10:30	ودھاؤ	چلو	حکم منو
12:00	کھانا دوپہر دا	کھانا دوپہر دا	دوپہر دا کھانا
1:00	سادہ عبادت	سادہ عبادت	سادہ عبادت
1:30	موہ کرو	جاؤ	صلیب چک لو
3:00	وقفہ	وقفہ	
3:30	دعا کرو	ونڈو	
5:00	رات دا کھانا	رات دا کھانا	

پرچارکاں دی منڈھوں تربیت - ہفتہ وار و

ہفتہ ۱	جی آیاں نوں سادہ عبادت	ہفتہ ۷	چلو
ہفتہ ۲	ودھاؤ	ہفتہ ۸	سادہ عبادت
ہفتہ ۳	موہ کرو	ہفتہ ۹	جاؤ
ہفتہ ٤	سادہ عبادت	ہفتہ ۱۰	ونڈو
ہفتہ ٥	دعا کرو	ہفتہ ۱۱	حکم منو
ہفتہ ٦	راہ لگو	ہفتہ ۱۲	صلیب چک لو

ہور اپاؤ

ویب سائیٹاں

ورتارے ترجمے

طالبعلماں دیاں کتاباں

www.ingramcontent.com/pod-product-compliance
Lightning Source LLC
Chambersburg PA
CBHW071457040426
42444CB00008B/1378
9780983138778